繁華滄桑 大武漢

人文風情篇

胡榴明 著

目次

城市風月

城市風情

華都金粉

城市風月

武昌寶通寺大雄寶殿

城市繁榮則梵林興盛，明清時期也是武漢江南江北四大佛寺昌明興盛的時期。

始建於唐貞觀年間的寶通寺，金元年間結廬此地的長春觀，清順治十五年的歸元寺，清光緒三年的古德寺，江南江北，武昌、漢陽、漢口，古剎和古觀，法相端妙，殿宇深沉，藏經匿寶，或掩映於市井深處，或坐落於山林幽處，盡歷朝代更迭，飽經天災人禍，屢建屢毀，屢毀屢興，千年百年，香火興盛，鐘鼓綿延不絕，在武漢三鎮。

歸元寺

歸元寺座落在漢陽翠微路的西端，以佛經「歸元無二路」命名。最早建於明末清初，占地七十畝，建築平面二萬平方米，現存殿堂二十八棟，分為五個院落，建築年代悠久，建築規模宏大，環境幽雅，殿堂華麗，數百年來，香火旺盛，香客雲集，名揚海內外。

曾經，歸元寺是一座普通民間寺院，後來，清道光皇帝欽賜玉璽，一躍而榮升為皇家寺院，

漢陽歸元寺韋馱殿

山門上方藍底金字的直書扁額，書「歸元禪寺」四個大字（只有皇室寺廟才能有如此書寫），山牆漆杏黃色牆粉，享受佛界最高級待遇。

歸元寺開山祖師白光、主峰，兩位原是浙江僧人，同胞兄弟，懂得醫術，當年游方到漢陽興國寺，也許是對這裏的山水人情所留戀，留下來鑽研佛經皈依佛門，修行的同時向信眾免費行醫，救死扶傷，多年不間斷，善舉感動當地民眾，有民間捐資支助他們修建了歸元禪寺。就這樣一傳十十傳百，從地方傳到京城，道光皇帝聽了很高興，覺得這樣的事蹟可以推廣，賜玉璽一方，陽文篆刻「敕賜曹洞宗三十一世白光主峰祖師之印」，嘉獎白光、主峰二位主持行善積德的修行道義。不排除這樣的「皇恩浩蕩」與清中晚期武漢三鎮佔據口內通商貿易的重要地位有關。

寺院濃陰滿蔽，池塘紅荷盛開，朱簷金閣，翠瓦紅牆，高低層疊，絢彩輝煌，暮鼓沉沉，晨鐘悠悠，伴和著隱隱約約的頌經聲，古舊而神秘的美感，黃昏中更覺蒼涼沉鬱。

凡是古寺必然有鎮寺之寶，藏經樓內的緬甸白玉佛，蓮花池前的銅觀音，其中最為著名的是羅漢堂內的五百尊羅漢，彩繪脫胎漆，真人般大小，湖北黃陂縣王氏父子九年時間塑成，一九五四年武漢洪水，寺院被淹，五百羅漢浸泡水中數日居然「毫髮不損」，稱得上舉世罕見的佛造像珍品。

陰曆年（春節）前後，往歸元寺祈福的信男善女不絕，報載某年初一，還有初五的凌晨，武漢市民四十萬人湧入寺內敬香，有關部門不得不出動三千保安維護秩序。

二〇〇七年一月，名滿三鎮深得俗眾信任喜愛的歸元寺主持昌明法師圓寂，二〇〇七年四月二十六日，新任住持隆印法師在歸元寺的升座儀式尤其引人關注。

一座三百年歷史的寺院，在歷史積淀十分深厚的湖北成為梵林之首，「親民」自然是其中的最重要因素。

歸元寺主建築群側邊的露天廣場，新近立起一座巨型雙面觀音像，高二十一點八米，八十噸青銅鑄成，圓形基座直徑三十米，方形基座直徑五十米，為華中地區最大的佛造像，引起國內外關注。晴天麗日的正午，太陽當頂，藍天下佛像金光四射，舉頭不能仰視。

曾經從翠微路去歸元寺，車至鐘家村，街面明亮的燈光，襯著空間的黝暗，非常的美，而且，這美是和冬天寒冷的空氣融在一起，同時融入的，還有溫潤的街市，忘了去歸元寺的路。

昏暮的夜色中陌生的街道邊，問兩個放學晚歸的小女孩：「歸元寺是否從這路條上走？」心裏也好笑自己。

翠微路橫在眼前安靜得如同荒野，一直喜歡這路的名字，李白詩：「暮從碧山下……蒼蒼橫翠微……」

半世紀前，從漢口到漢陽，過江漢橋到鐘家村，只得步行，沒有公交也沒有出租，更沒有今天漢陽大道上川流不息的車輛和人群。記得腳下的這一條路，泥巴路和石板路，路邊長長一排青瓦木戶的民舍，開合的門扇對街，鄉村野外的感覺，發黃的泛舊的色澤在記憶中也是很模糊的。

永遠的歸元寺，明黃色的粉牆，深藍色的直匾，寺內人頭攢動，香煙熏得人呼吸困難，佛像的神態千篇一律，千年不變的微笑，千年不變的悲憫，俯視芸芸眾生，叩頭跪拜的信眾在他眼裏是不是很蠢？

記得當年（五十年前），放生池內沒有甲魚只有紅蓮。

數羅漢是三鎮居民去歸元寺必修的功課。

長春觀

長春觀坐落在蛇山中段，山門洞開，殿閣重重，烏瓦紅牆，飛簷翹角，從山腳直到山頂，逐級升上去，如一幅巨大的工筆界畫，筆墨精細、青綠彩繪的古代山水殿閣圖，從山上直垂到山下。

今天人看長春觀，覺得它簡直就在喧囂鬧市的中心，前山門正對武珞路，左側院牆下臨中山路，與宮殿庭院一牆之隔的外面，日日夜夜，人聲鼎浮、車水馬龍，似乎與道家遠離塵霄、虛化三清的意境相去得遠了一些——好處是遊覽方便，路邊下車，幾步臺階上去，便能「登堂入室」，遍遊三十座殿堂景觀。

最早的傳說，老子從魯地來到江南，在今天的蛇山這個地方設壇傳道，想像那時一片茫茫太蒼，荒山大湖，說不盡楚地天青地碧；東漢末年長江邊黃鵠山建夏口城，雙峰山位於夏口城城牆之外，傳說這一帶的山凹生長一大片青翠茂密的竹林，所以稱這裏為「紫竹嶺」；宋代理學家朱熹從江西遊歷至湖北，當時，武昌古城（當時名「鄂州」）已經非常繁華，他在《鄂州社稷壇記》中對長春觀今天的所在地有過記錄：「（鄂州）城東黃鵠山，廢營地一區。東西十丈，南北倍差，按政和五禮畫為四壇」；後來才來了元代著名道家傳人丘處機——金庸的武俠系列成就了「丘道長」在今天人們心中的知名度——丘處機出東城門，在城外雙峰山南坡，尋到一塊林木茂密、野花盛開的谷地，於是結草廬住下，日夜修煉，精深道行，自稱「長春子」，再到後來，他的弟子在他的結廬之處建觀，取名「長春觀」，以示紀念。

曾經，雙峰山另有個名字，曰「松島」。明末清初，江漢之地，三鎮鼎立，商旅繁茂，城牆團團圍住武昌古城，長春觀建在東城門外的蛇山南麓，當年，這一片山巒谷地風景

武昌長春觀太清殿

非常幽寂，山上松柏遍生，周邊湖泊環繞，山青水藍，天光日影，閒雲野趣，沿湖漁港錯落，舟船過往如梭——長江中游繁華商埠之都，自然能引來東南西北的香客如蟻，所以稱為是「江南道教福地」，其間的根由不需言說。

清咸豐二年，太平軍攻打武昌城，以城牆之外的長春觀為攻城指揮部，先攻下漢陽和漢口，後攻武昌不動，最後以「邪教」「妖跡」之罪名毀掉長春觀和寶通寺。

清同治三年重建長春觀，仿明永樂十二年及清康熙二十六年的建築樣式，重興香火至今天。

一九二七年，國民革命軍攻打武昌城門（大東門），葉挺獨立師設指揮部於長春觀三皇殿。

二〇一〇年，政府撥款將長春觀修建得煥然一新。

從太清殿、七真殿背後往蛇山上攀，經過一段爬滿藤蘿的石牆，數步石階上去便到會仙橋，再往高處是三皇殿，憑高俯視武昌城。

三仙橋下，流水潺潺，四下空明靜寂，傳說橋上可會仙人可聽仙樂。

寶通寺

長江東南岸的武昌，和對岸的漢陽和漢口，地形地貌極大不同：河湖相間、壟崗交錯，地勢偏高，全區境號稱「十三山」，其中最著名的三座山是蛇山、洪山、珞珈山。蛇山在西，洪山在東，珞珈山在東南。

寶通寺位於洪山南麓，山門朝向車馬川流的武珞路，與長春觀的建築方位平行一致。最早，建於南朝劉宋年間（西元四二〇至四七九年），距今一千五百八十年，武漢三鎮寺廟之中，歷史最為久遠的一座。明成化二十一年定名寶通禪寺，之後數次毀於兵火，最近一次在清咸豐二年，太平軍的攻城「戰績」。今天所見規模，於光緒年間及同治年間所建，後來又被損毀過多次，例如文革時期。

記得幾十年前來洪山，路邊是山門，門前有對相貌威猛的大石頭獅子，後來才知道是明代的，層層石階上去，只見寺廟頹敗，寶塔灰暗，林木枯萎，一片蕭條景象。近年，政府撥資維修，才有了今天的一片金碧輝煌。

武漢三鎮佛教四大叢林，除寶通寺之外，還有漢陽歸元寺、漢口古德寺、武昌蓮溪寺，其中，蓮溪寺已毀。江南江北，四大佛教寺院，無論是建築格局還是藏珍匿寶，都可說是「各有千秋」，寶通寺內最令人注目的，自然要數洪山寶塔。

武漢市市民，無人不知寶通寺，無人不知洪山寶塔，一年三百六十日，從漢口或是漢陽過長江到武昌，或是上班上學，或是探親訪友，寶通寺就在路邊，「寶通寺」，就是這個路站的名字。公車上下，在拱形的山門前面，探頭望去，殿閣層層依山而上，仰頭望去，寶塔巍巍背山而立，林木森森，山石峻峭，金彩輝映，別是一層洞天福地，和身後的車輛過往的街市，街對面的燈火輝煌的商廈，完全不在一個世界，尤其是洪山寶塔，壘壘磚石尖角四射的塔身，從蒼穹間向人間俯下，站在喧鬧繁華的大街街邊，你不知今夕是何夕？

洪山寶塔，原名

洪山寶塔

臨濟塔，元代建成，共有七級，取「七級浮屠」之意，盤旋而上，可俯瞰大江南北武漢三鎮，登高而小我，登高而小天下，有和登臨黃鶴樓全然不一樣的望遠感覺。

先為磚木結構，山間潮濕，日久容易潰爛。一八六五年，湖廣總督署和湖北巡撫決定集資重修。一八七一年施工，改磚木結構為石結構，建鐵護欄，耗銅六千五百公斤鑄造塔頂。全部工程於一八七九年竣工。今天人所見的金頂寶塔，原來清末年的建築——一個沒落的王朝寄希望於一座古舊的佛塔，再造「七級浮屠」，也沒能挽回天傾西南、地陷東北的帝國頹勢。

古德寺

古德寺：漢口黃浦路上滑坡路七十四號。有人說它所在的位置很不好找，其實很好找，因為有幾個重要參照：漢口解放大道往東走，走到長江二橋引橋底下，然後轉向與黃埔路交接的丁字路口停下來，面對新近拓寬的黃埔路，你的身子右側街的拐彎處就是解放軍一六一醫院大院，順醫院圍牆往黃埔路方向走，馬路右側有一條小巷通往深處，那就是上滑坡路，路口寫著「古德寺朝裏走兩百米」，朝裏走，盡頭便是古德寺。

幾年前，我在寫武漢近代建築研究的一本書，弟弟說應該去去古德寺，我說那是否是座古建築？如果是，那就不在我的寫作

漢口古德寺大雄寶殿

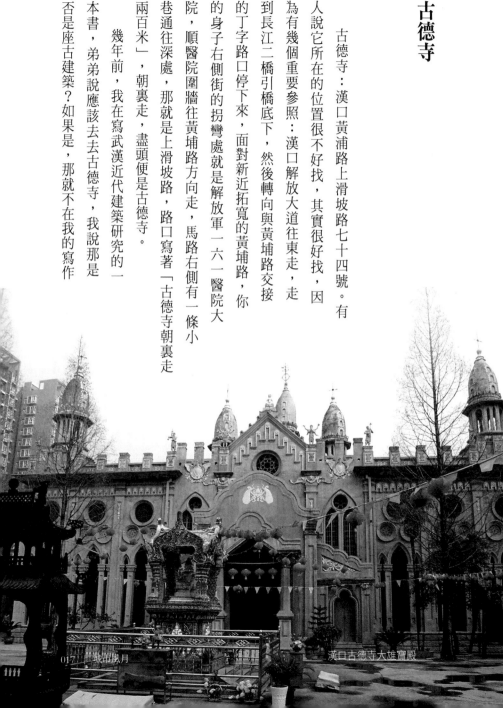

範圍之內，無論它多麼值得寫。他說聽說是二十世紀建的。於是，兩人便去了，去了才知道自己是有多麼的孤陋寡聞。

古德寺是一座佛寺，和中國漢地文化圈的佛寺建築風格迥然不同，非中國古典建築模式，而是純西洋建築（指建築方式和建築材質）；非中國古典寺廟風格（木架構重簷歇山式等），而是說不清的一種東西混雜的建築風格（下面細述）；非清中葉以前的古建築，而是始建於一八八七年（光緒十三年），重建於一九一三年（民國二年），完工於一九三一年的近現代建築。它存在的意義，已經遠不止於是一所佛寺建築，而是武漢市（或說是中原地區、或說是中國大陸都行）建築史上的一個風格獨特的「異類」。

最初建於清光緒十三年（一八八七年），原名「古德茅蓬」，坐東朝西，占地面積將近三萬平方米，包括花園、草地、紫竹林等大面積園林；建築面積三千六百多平方米，包括山門、僧眾居屋、四大天王殿，中庭院落，然後是可容千人的大雄寶殿等。所有的建築物都是依照漢地佛教文化圈的傳統定名，但是，所有的建築樣式都是你無法想像得到的。

首先，它是全磚石結構（後為鋼筋混凝土結構），主建築看不到一根外露木質樑柱。我們去的時候，寺院尚未修建完工，大雄寶殿全部被蒙上了綠色安全網，看不到大殿整體風采，但還是可以看看局部的建構。不知道今後會作什麼樣的外牆裝修，例如塗料、麻石、瓷磚等，看到的只是灰色水泥和磚組合而成的建築的底層塊面。

關於它盛時的規模以及風格樣式，只能引用資料記錄：

「……其大雄寶殿最具特色，頂部有徵九龍拜聖的九座佛塔，九十六個蓮花墩，及二十四個諸天菩薩，為我國佛教建築中唯一的仿緬甸『阿難陀寺』形式所建造的大殿。殿內供奉三尊佛像，中間為釋迦牟尼佛，右為藥師佛，左為阿彌陀佛。大殿結構嚴謹，佈局合理，門窗及牆壁的設計也頗精緻，修飾華麗，顯示出建築的精湛技藝，具有很高的藝術價值。」

據說，類似建築的佛寺國內僅此一座，東南亞地區也只有兩座云云。所謂的「兩座」，另一座指的是緬甸蒲甘時代的阿難陀佛寺。

想談談我對古德寺建築風格的看法，這裏要提出的問題是：古德寺究竟屬於什麼樣的建築風格？它是完全模仿阿難陀而建的嗎？

這裏想聽聽專家的意見，所以，特地找寺院主事的林德法師，要來古德寺全貌的圖片，然後再配上我們拍攝的建造施工過程中的古德寺局部圖片，請建築專家參與研究。

網上找到阿難陀寺一張不清晰照片對照著看，想瞭解一下兩幢佛寺的差異和相似，下面摘錄阿難陀寺建築介紹：

「……蒲甘時代宗教建築的另一類型是寺廟。其中阿難陀寺是最具代表性的建築之一。它建於一〇九一年，主體由數個約六十米寬的磚石方形結構組成，每個方型體為突伸的門座所突破，形成四邊等長的正十字型，這樣龐大的主體構造全由高大的柱廊承托起來，內部不需陽光，龕壁及甬道柱石上的螢光足以照明，稱得上是典型的仿石窟寺建築。建築共兩層窗戶，屋頂上建臺階式塔基，最頂層塔基上端又立起金光閃爍的梭狀高塔，塔外表有明顯的肋條形隆起。由於通身包金，經陽光一照酷似半截大玉米。塔身四面均有五層小佛龕，塔剎為金傘狀，塔尖距離地面五十餘米。梭狀塔身和柱廊是印度中世紀奧里薩派寺廟建築的主要特點。在蒲甘眾多寺廟中，阿難陀寺是惟有柱廊的，也是最典型的印度式建築。」

關於古德寺就沒有找到如阿難陀寺這般詳盡的建築資料了，只好談談那天我所看到的，只是對於建築學，我畢竟是外行。

我的感覺：古德寺和阿難陀寺相似的地方是，都是以方框形磚石結構為主體結構，以及都有柱廊作為大殿的支撐。但是，我不清楚它們之間具體的建築構架是否相同？

從照片上看，阿難陀寺建築整體為，四周建築低矮，圍成一個方形大院落，中央大殿高出外圈建築之上，不知是否下面為填土地基（或是小山高地），還是由底層建築（柱廊）的支撐？而古德寺的大雄寶殿和其他的寺內建築都在一個地平面上，所以沒有那種如莆甘寺院於平野間突兀而立的感覺。相似之處：都是一樣的正方體建築構架，四方院落建築圍繞四方形大殿，遠看去方正整齊一大塊（古德寺的後院落被占，所以正方形平面建築缺了一個塊板）。古德寺大殿為四方形平頂，平頂上建九座四柱托起的尖矢狀佛塔；阿難陀寺大殿的屋頂遠看為一個尖矢形，近看則是由屋頂平面方塊形階梯式層層向上，層層收縮面積，每一層四角建有小尖塔，從建築立面上來看，小尖塔逐層向內緊縮為三角形的左右斜邊，最後，正方形屋頂高聳為一個小小的方形塔基，塔基上四個小尖塔簇擁著中央一座全身如玉米粒凸起的橙黃色大尖塔，此即該寺的標誌性畫面。從屋頂的造型來看，兩個寺廟的區別是非常大的。大殿的四方立面平直，整體為方框形構架，為兩座寺廟的相同點（我沒有阿難陀寺近景圖，細部無法辨別）。古德寺大雄殿建在一個高出地面的正方形的花崗岩基臺上，也許在建寺的當初，大殿正中為整個寺院的中心軸，這是印緬佛寺的一種建築程式，東南西北四面建透空柱廊，以尖拱立柱為一間隔，每一個拱券之上開有一大二小三個圓形花窗。

柱廊裏的立柱，與緬印地區的柱廊以及歐洲古典柱廊，立柱的樣式，都不相同。不是圓柱體，而是異形立方體，三根柱為一組並列而立，中間一根為凸字形，寬粗，另兩根為方形；每根立柱的柱壁雕塑成凸凹方塊圖案；每一組立柱之間，間隔穿空，上覆拱券。立柱挺拔，直托大殿的簷下。

柱廊裏面牆壁開窗，窗上雕花，沿著柱廊繞大殿一周，凡是有磚壁處就有透空雕刻，密密繁繁的雕花連綿成片，花團錦簇令人目不暇給。可以想像，一天四時，晨昏晝夜，日光、月光穿空廊而過，灑在大殿的牆上和圍廊的地上，花影浮動，紋絡重疊，宛如人間仙境。

但是，阿難陀寺的柱廊建在寺廟的哪一處呢？是在大殿的四周，還是在大殿的底部（這種吊腳樓式的寺廟建築在東南亞也是流行的）？從手頭的照片我是看不見的。

古德寺大殿的正面主入口與阿難陀寺大殿的主入口非常相似，一樣的雙層門楣，尖圓拱券，後一扇大，前一扇小，如兩把大小不同的摺扇展開又重疊在一起。阿難陀寺大殿正門開口較小（和大殿自身的規格相比較），而古德寺大殿正門開口稍大一些。

很多人感興趣的，是古德寺大殿主入口的建築樣式，認為屬哥特式，與南亞風格無關。上面我已經說了，實際上與緬甸佛寺風格是非常相似的，但是也有它的個性特色：例如主入口前後兩層門楣凸出向外的門鬥，拱券門楣下為尖矢形拱頂，左右兩側有立柱支撐，立柱為八角六面的立體，柱頭雕花為改良的愛奧尼式，四個外捲渦旋，其間添加了複雜的花式，這類無一定之規的立柱在歐洲、西亞、南亞到處都能看到，是一種多民族多時期風格的混雜體。另外，大門門框為梅花花瓣形發券，典型的伊斯蘭建築模式。

門斗上部的牆面上開大圓窗，窗內透空花雕；門門兩側上下兩層開尖矢形長窗，窗框內分為圓形與尖矢形的透空組合。正中大圓窗之上建一個沒有簷線相隔的山花，毫無疑義的歐洲古典。

頂上出簷，簷下精雕細刻的石飾，簷上女兒牆，石敦和圍欄雕花。

大殿裏面正在裝修，搭著腳手架，不許人進去，但是，從門口探進去，看到高而深的內廳屋頂。問建築工人，說，大廳頂上的肋架券前後排列共有四條。

大殿後開門，與進口處大門在一條直線上。

不知古德寺的設計者是誰？總之，這是一座奇異無比的建築，中國可能沒有第二座，東南亞也沒有一座佛寺是和它完全相似的，也許，這就是設計者的初衷，造一幢與眾不同的建築，寄託他對於世界建築藝術的喜好，於是就有了這一處東西南北之風的美得驚人的寺廟。

和緬甸阿難陀寺最大的區別是：阿難陀寺建於西元十一世紀，為典型的印度石窟佛寺造型，開窗小，內廳黑，注重內室的雕刻和壁畫；而古德寺於二十世紀三十年代才建成規模，引入歐洲哥特教堂的外部裝飾及內部空間構築，四面開窗，以透空雕花窗引入室外光線，以達到光在室內的透射效果，內廳並不是以壁畫雕刻為主，而是以佛造像為主（此為中國國粹）。從基本的構架來說，這些，絕非石窟佛寺的建築手法，例如圓形花窗和尖矢形長窗等，都屬典型的哥特教堂風格。

和印度、緬甸佛寺建築藝術極為相似的部分是：正方形殿堂，上下貫通的柱廊，屋頂上的大小尖塔，這一切，都讓人感到它濃濃的東南亞佛寺的味道，尤其是主入口門楣扇面造型，完全仿照阿難陀寺，難怪有人一言認定它就是「阿難陀」的仿製品，其實並不全是。

至於另外的建築細部也就不一一描述了，可以親往觀摩，相信會有感觸。

世界建築藝術，除中國大陸數千年墨守陳規，不與外面的世界溝通，成為獨立一體的建築建構（覆蓋面有日本、朝鮮、越南），而歐洲、北部非洲、西亞、南亞、東南亞，後來的美洲和澳洲等，早已於兩千年內相互融合、交流、混雜為各種求同存異的藝術體系了，其中包涵希臘、羅馬、波斯、拜占庭、哥特、巴羅克等歐洲古典風格，還有阿拉伯地區（即伊斯蘭風格）、埃及、印度、緬甸等地域性文化相同相異的各類建築模式。其中，由於文明的侵入佔領而引發的民族和種族的文化交流，例如印度文化中含有的歐洲文化、西亞阿拉伯文化，以及非洲文化，然後通過佛教文化的外傳，引入緬甸和泰國。

這就是人們疑惑的「為什麼東南亞佛寺建築會出現歐洲和伊斯蘭建築風格」的答案。所以，將這一座本來風格就很含混的建築物硬性定為是某一種固定的建築風格是說不過去的。

古德寺在文革中遭到嚴重破壞，佛教文物和宗教設施全部被毀，從一九七四年起，古德寺的土地、房屋被武漢照相機廠佔用，山門拆毀、圍牆斷裂、大殿安裝機械設備，寺內原有的一片紫竹林全部被鏟平。

一九九五年，武漢市政府撥款三百萬元重修古德寺，一九九六年，古德寺重興宗教活動，但是，原有的三萬平方米土地，因為另建房屋無法推毀，現在整座寺院連同所有建築僅剩地皮五千平方米。

目前，古德寺早已列為武漢市重點文物保護單位。二〇〇六年五月去古德寺的那一天，受到寺院尼僧還有林德法師的熱情接待。

很早就知道古德寺，讀高中時（一九六五年至一九六九年，中專學歷），一個班有四個同學住黃埔路這一帶，住上滑坡路的就有兩個，他們在古德寺從小玩到大，其中一個女同學和我最聊得來，她好多次對我說起古德寺，她說，那一個寺院真美，有一個大院子很幽靜，夏天，拿一本書，進裏面去乘涼，真是再好也不過的事了！可是，在寫這本書之前，我從來都沒有去那兒過。

談談我的看法：我不同意把古德寺說成「東南亞第二」，如果說成東南亞「唯一」是可以的，因為它的風格是獨特的，但是這個「第二」就不好說了。多查一點資料就可以知道，印度、緬甸、泰國的佛寺建築多不勝數，其中世界著名的東南亞式佛寺建築經典都在這三個國家，古德寺雖然自有與眾不同之處，但是若論華麗和恢宏是不可能與緬甸和泰國相比，若論歷史悠久的文明傳承又不能與印度阿旃陀石窟佛寺相比——「唯一」指個性獨絕，而「第二」指排名次——這樣的情況下，我們可以選擇一個既弘揚自我又不誇大其辭的說法為好。

中山公園四顧軒

漢口中山公園有一處奇怪的建築物——四顧軒——說它奇怪，是因為它的構築特別。

灰白色的石質立方體，東、南、西、北，四個立面，拱券四面透空，方型立柱，柱頭卷草雕花。東西兩面，兩個拱門，有臺階數步進入。兩架小鐵梯，宛轉盤旋，登入頂上露臺。

高低兩層，軒內軒頂，上下觀望，周遭四面，地方天圓，風光景色盡收眼底，所以名「四顧軒」，

漢口中山公園湖景

一個古意盎然的名字——讓人聯想到李白的詩：「拔劍四顧心茫然」，和杜甫的詩：「戎馬關山北，憑軒涕四流」——但是，和眼前的這爿「西洋景」，無論是場景，還是意境，都是不大相吻合的。

中山公園的四顧軒，繁華都市小小的一塊清靜地，多少年來，安安靜靜，立在花草林木的深處，溫和地靜謐地，待在那裏，等待著遊人，等待著那些需要安靜需要休憩的人——煩躁的人和興奮的人，都是不會走到它那裏去的。

上世紀五十年代末，一個星期天，父親、母親，我，妹妹，還有出生不久的弟弟，我們全家到中山公園去，那個年代，玩的地方本來就不多，中山公園，對於居住在這個城市的孩子來說，算得上是「絕無僅有」的「天然」的遊樂園，那些年裏，人們不可想像，沒有了中山公園我們還能到哪裡去？

記得那天天氣非常好，可能是春天吧，風和日麗，父親和母親決定在公園裏拍一張照，全家合影留念，那時拍照得請公園裏面的專職攝影師。周折了半天才找到一處合適的景點，四顧軒，是父母看中的還是攝影師看中的就忘記了，總之，一家人在四顧軒的西門外的臺階上擺了好一會POSE，因為有一個嬰兒，弟弟太小，還在吃奶，一會哭一會動的。

後來攝影師總算是把大家安頓好了，快門按下，我們全家和四顧軒，和這個灰白色的石頭建築迭印在了一起.在這張泛黃的黑白老照片上，父親如往常一樣嚴肅，母親倚著拱門前的石柱，懷裏抱著弟弟，我和妹妹穿著花衣服站在前面……

很多年過去，最先離開我們的，是照片中的那個嬰兒，十九歲身高一點八〇米的弟弟，高中畢業那年被疾病奪去生命。再後來，離開我們的，是我的父親，六十八歲那年突發心臟病去世。如今，母親依然保留著這一張四顧軒的照片。

半個世紀之後，偶然的原因，我對武漢市城市歷史產生了興趣，翻開史料，才知道一些關於我出生之前的這個城市的過去，曾經，我們這一代人對此不聞不問。

漢口中山公園，曾經是一片湖泊沼澤，一九一〇年前，地產商劉歆生開闢出來做私家花園，一九一四年贈給湖北軍政府財政廳長李華堂，名「西園」。

一九二七年，漢口市政當局沒收，由私家園林改為公眾園林，正式定名「中山公園」，是武漢三鎮第一處供民眾遊玩的園林。

公園原大門（現為中山公園出口），仿歐式古典花園園門設計，兩側門柱上分刻「中山」、「公園」四個篆體大字至今尚在。

一九二八年，經湖北省政府主席張知本批准，交由留英歸國園林建築家吳國炳，仿照古歐洲英式園林作改造設計——擴大面積，挖泥造湖，堆土造山，植樹栽花種草，建運動場、溜冰場、民眾教育館、總理紀念堂，由江浙運來的假山石更是奇麗非常……一九二九年六月對民眾開放。

一九三一年漢口洪災，洪水沖毀園內大部分景觀建築。一九三四年，仍然由吳國炳先生主持重新修建——新建張公亭、湖心亭、四顧軒、水閣和落虹橋，並且再一次擴大了面積。

修建後的公園，湖光水色，島嶼亭台，林木蔥鬱，建築獨特，風景秀麗，風物典雅，引得海內外人士讚歎。

其中四顧軒，一九三五年建於牡丹亭舊址，花崗岩建築，四方立面晶瑩雪白，拱券及愛奧尼立柱，典型的古希臘建築風格，為中國園林不可多見的純歐式亭閣建築。

這就是我所知道的關於中山公園和四顧軒的陳年往事。

東湖

東湖位於古武昌城的東郊，由郭鄭湖、水果湖、喻家湖、湯湖、牛巢湖五個湖泊組成的一個自然湖，南與沙湖貫通，經青山港注入長江，江河湖海相通，古雲夢澤留下的一泓活水，千年萬年也不斷絕的水的源頭。

二十世紀末，城市建設興起，市區向郊區擴展，東湖早已劃歸武昌城市圈以內，景區面積八十一點六八平方公里，湖區面積三十三平方公里，相當於杭州西湖的六倍，是中國最大的城中湖。

地圖上看，東湖在武漢市，長江南岸，武昌東北部，上窄下寬，一個巨大的三角形，水域闊大，水岸線綿長，呈「U」形凸凹曲折，民間傳說有「九十九灣」，其實不

武昌東湖磨山遠景

止，湖區岬灣一共一百二十處，天然的半島和港灣，沿湖岸陸地地貌複雜多樣，丘陵、谷地、平野，高低錯落，間雜其間；湖水深廣，水質優良，出產豐富，蓮藕和魚類是東湖特產，原產於鄂州樊口的武昌魚（鯿魚，團頭魴）在這裏也長得非常好。

儘管有得天獨厚的自然地貌和水質資源，但是作為一個風景遊覽地，東湖的歷史並不算長，二十世紀初還是一片荒湖，湖上捕撈，湖岸種植，村野田園農家，三兩間茅屋，四五條木船，這裏是武昌城的荒郊野外，即使是三月踏青，城內的人也很少來這到這裏，當年的武漢三鎮，風光秀麗的地方實在是太多。

東湖的開發自二十世紀三十年代始。一九三一年，為了紀念蔣介石五十壽辰，在今天東湖梨園景區一帶的湖心小島上建「中正亭」，同時築長堤和湖岸陸地相連接。一九四九年後改名「湖光閣」。

此期間，漢口和武昌已有達官貴戶來湖區置產，例如湖北軍政要人夏斗寅在東湖的別墅名叫「養雲山莊」。

銀行家周蒼柏在東湖南端買下一大塊荒地沼澤，取名「海光農圃」，種植樹木，挖掘池塘，修築道路和堤岸。一九四九年後，周蒼柏將辛苦經營多年的私家園林捐贈給國家，這是今天東湖風景區的雛形。

東湖，水域遼闊，地貌複雜，東南西北，四面八方，水上岸上，風景各異，分成「聽濤」、「磨山」、「落雁」、「白馬」、「珞洪」、「吹笛」六大風景區。

黃鸝灣大門進去是聽濤區，隔著叢叢花木遙遙看見一大片湖水，湖畔長長一排柳樹，春天的柳樹芽是嫩嫩的金色，夏天的柳樹葉片長長的如同美人的眉毛，柳樹枝條柔韌綿長地垂到湖面，湖水漾起一圈圈漣漪。

數棵松樹一叢翠竹，之間有聽濤軒，這裏，離湖水稍有一些距離，日日夜夜，聽見濤聲拍岸，陰晴雲雨，音響變化，或高或低，或強或弱，或清婉或激昂，如同天籟，知音者才能領略。

順著湖岸走，行吟閣、屈原紀念館、橘頌亭，茂林修竹的深處，翠甍飛簷，素牆灰瓦，清幽靜寂的蜃樓仙境——今天的武昌，戰國時名鄂渚，是楚國的屬地，楚大夫屈原被楚頃襄王放逐經行於此。

「乘鄂渚而反顧兮，欸秋冬之緒風，步余馬兮山皋，邸余車兮方林……」（見屈原辭賦《涉江》）

行吟閣位於東湖西北岸中部的小島上，四面環水，荷風、落羽兩道白石橋和陸地相連，三層四角攢尖頂古典樓閣，閣樓前立著白石雕塑的屈原全身像，翹首向天，似乎在哀歎國家和蒼生的命運：

「望長楸而太息兮，涕淫淫其若霰，過夏首（今長江北岸漢口漢陽一片）而四浮兮，顧龍門而不見……」（《楚辭・九章・哀郢》）

經行吟閣、釣魚臺，到長天樓——取唐代詩人王勃辭賦中的一句：「秋水共長天一色」，這是最適合觀賞湖上風景的去處，視野開闊，縱覽無餘，水天一色、天水無際。往北到梨園，秋天果樹飄香的季節來這裏最好，每年菊花展覽也還在這裏舉行。長天樓前，東湖岸邊，有木船（還有快艇）過對岸，湖水浩大，山巒遙遙，淡如一抹。殘冬初春，去東湖磨山植物園賞梅花，泛舟湖上，天地間湧來的是湖水的潮氣和花的香氣。

乘纜車登磨山，楚城高聳在山崖之上，金輝燦爛的楚天臺上聳立著一隻一點二米高的銅鳳，長江流域楚文化的血脈，與黃河流域龍文化的遙相對應，雲夢大澤中出生的神鳥，至高在上的神的兒子，五彩斑斕的羽，一飛沖天的翼，優雅旋舞的尾，在上古的蒼天雲霓間飛升，千萬年，到今天，不知是否找到了它當年棲身的那一塊土？

站在楚城上看東湖，湖面更闊，湖水更碧，湖光山色沒入天的那一邊，心靈神思飛向很遠很遠。

白天，太陽沐在湖裏，陽光也不耀眼，夜裏，風清月白，沒有車馬的喧囂和人聲的鼎沸，心很安靜，可以寫詩，可以畫畫，地道的閒人雅士，悠閒自在的日月——東湖之畔，可以終老。

黃陂大余灣

大余灣，距離武漢市區四十公里，位於黃陂區木蘭鄉雙泉村，全村十三個灣子，大余灣最著名，因為它的古民居。

山青水秀，林木滋潤，老宅掩映在綠樹之間，綠樹倒映綠水。灣子頂頭一間石頭牌坊，上有翹簷，下有石門，牆面上雕花，厚達數米。

六角小亭、八角古井，石碾、石磨，油光水滑的青石板路，排列成陣的古民居，構成大余灣老宅獨自的特色。

四十多棟清代古宅，磚砌石築，烏色筒瓦，褐色磚牆，白色簷線，方正敦實，一戶緊挨著一戶，簷角高高翹起。站在青石路邊，縱向望過去，一隻隻雪白的簷角綿綿密密地排列過去，如戰場舉起的彎刀，景象非常可觀。

褐色長方形石條砌成的牆面，石塊之間嚴絲合縫，正面出簷，石砌門框，簷下和門楣之間雕花刻字。外牆不開窗，高牆深院，每一間大門進去，看到一套完整的居屋，天井圍合、層層遞進，廂房、堂屋、睡房，雕花木隔扳分開內室。

天井兩側有通道，走過去，又見一個天井，又到另一戶人家。全灣百十戶人家，二十個巷道勾連穿通，從外邊看，戶戶相隔，獨立成居屋，裏邊如棋盤，方框累疊，鋪開一片村落。

居戶之間勾連成片，這樣建築結構在別處也有——全灣人家一個祖宗的血緣，而且這一個先輩非常富有，房屋興起成片，家業把持極嚴，世代同堂，一百家也是一家，自家人親近自家人，不需要石牆在當中隔絕——多少年浸潤，後輩人習慣了這樣的居處，方便來往串門，多了一些是非，少了一些寂寞。

和福建土樓相似，一個圓，一個方，其實結構一樣，對外封閉，對內開放，族人之間，兄弟子侄之間，相互扶助，相互

黃陂大餘灣清代民居

監視，承襲農耕社會父死子繼的宗族文化。

明洪武二年（一三六九年），余姓大戶從婺源遷來木蘭川，置地蓋房，傳宗接代，才有今天的大余灣。

二〇〇二年公佈為湖北省省級文物保護單位，二〇〇五年公佈為全國第二批歷史文化名村。

新洲問津書院

問津書院離城市很遠，先前不曾聽說過，因為去那兒的人太少（指近代以來），距離武漢市區六十公里，開車也得兩小時。

新洲區舊街鎮孔子河村，村外山腰上，有一處古建築，背依孔子山，門臨問津河，遠遠看見，白牆青瓦，聳然而立，也有一番氣勢。

明《統一志》、清《湖廣通志》載：「相傳孔子自陳蔡適楚，至此問津」——問：「這條河的渡口在哪裡？」

傳說漢代，在這座山（孔子山）腳掘出一塊石碑，上刻「孔子使子路問津處」八個秦隸大字。淮南王劉安命在此建亭，將這塊石碑立於亭內，同時在孔子山建孔子廟，設私學，就是後來的問津書院。

「問津」二字，本來是盡人皆知的典故，將這個典故搬到這裏，那就是一個很好策劃了。史載孔子遊學，從陳國、蔡國經過，抵達楚國上蔡（今河南上蔡縣），沒有來到今天的湖北新洲。

雖說如此，也沒人質疑，因為當時大家都尊孔，在黃河以南建一座孔廟很好，推廣儒學在長江流域的發展，漢代是儒學興盛的時代。漸漸，孔子廟的名氣傳揚開去，四方儒生及達官貴人紛紛前來拜謁，孔子山和問津河成了儒生嚮往的地方。

歷代名士來到這裏，或是觀光遊覽，或說著書講學，傳說有唐代杜牧、宋代孟珙、朱熹、元代龍仁夫、吳澄、明代王陽明……

朱熹晚歲曾經來此講學，於宋慶元六年（一二〇〇年）題詩贈給「孔子山廟學」。元初年，儒生龍仁夫選這裏為歸隱地，孔子廟更名為問津書院，歷史上與白鹿書院、東林書院、岳麓書院並稱中國四大書院。

曾經屢毀屢建，明代和清代有過兩次大規模修復，清代作為科舉會考之所，興盛一時。清末，科舉廢除，近代，戰爭頻繁，問津書院，無人問津。

近年來，這一處古跡才受到世人關注。

建築佈局中軸對稱，中軸線上為主建築，上、中、下三幢，逐層進入，儀門、講堂、正殿；除外，庭園內建有亭、齋、樓、閣數棟，牆院四方圍護，占地面積數十畝。

武昌古民居

武昌的興盛自南宋起，當時是長江流域三大城市之一（另兩個是揚州和鎮江）。元代時，武昌正式為湖廣地區行政及經濟的中心。西元一二九〇年，武昌為湖廣行中書省治所在地，管轄區域從今天的湖北中南部一直延拓到中國中南及中西部。明、清兩代，布政使司衙門（即藩司署）一直設在武昌城內，清代，湖廣總督署設在武昌（紫陽路、王府口一帶），一九一一年辛亥首義的當晚被炸毀。

武昌，曾經是中國大陸名聞千古的商旅驛站，所以才有崔灝李白的黃鶴樓題詩。不過，武昌在歷史上，也並不只是一個政治和軍事的中心，同時也是中國封建社會中晚期的一個商貿重鎮，關於這一點，行外很少有人提到。

由湖南洞庭湖駛來的木船，過黃金口進入長江，便在武昌、漢口、漢陽起坡，這是中國南部與中國中部水系相聯接的一條重要水道。在沒有南北鐵路交通運輸的時代，封關自守的農耕社會，數千年來，中國的境內通商，地區與地區之間，水利資源尤其寶貴。

三鎮之中，漢口和漢陽扼住漢水入（長）江口，是長江水域往北部中國的黃金通商商道，而武昌則是一扇向南的大門，無論是東部浙江、安徽、江西，還是中部、南部的湖南、福建、廣東、廣西，還是西南部的貴州、雲南等廣大地區，商貿貨運千萬里迢迢，來到湖北，或是在武昌直接市場成交，或是以武昌為棧橋，渡船過江，到漢陽和漢口，再從那裏北運西運到更遠的地方去。

陸游的《入蜀記》有過詳細描述——城內建設：「出漢陽門江濱，城上居民市肆，數裏不絕。其間復有巷陌，往來幢幢如織，蓋四方商賈所集……」江上景象：「賈船客舫，不可勝計，銜尾者數里……」城內外商市：「市邑雄富，列肆繁錯。城外南市亦數里……雖錢塘、建康不能過，隱然一大都會」——由這些文字，可以說明：當年，在漢口還沒有興起之前，武昌，如北京和南京一樣，是一個政治和經濟雙向興盛的古代大都市。

武昌明清老宅，即武昌古民居，分為兩類：

一是商埠和住宅結合一體，俗稱商住房，前一進為店堂，由街邊直入開敞式店面，不設高牆與外界隔斷，店面後牆有門通往後部的天井式或是院落式居屋。這類房屋即現代所說的商住房，雖然算不得單純的民居，但也不可能將它們劃歸到民居之外，因為這是城鎮街巷一種極為普遍的住宅形式，例如江浙周莊和婺源李坑的沿河老宅，例如武昌長街（今解放路）、中和街（今首義路）街邊連接不斷的商埠住宅磚木樓。

二是單純的住宅，一九四九年後尚有留存，武昌城有復興路、曇華林、察院巷、後宰門、九龍井、都府堤等處，二〇〇七年之前，先後被毀大部，僥倖留存的幾棟零零落落的老宅，十分不協調地立在一大片鋼筋混凝土的民房之中。武昌城外的白沙洲，因為離鬧市區比較遠，二〇〇三年以前依然保留了幾條老式街巷，幾幢老式民宅，沉鬱古舊的文化風貌曾經令民間人士興奮無比，但是兩年後毀於一夜之間。剩下離城市中心更遠一點的古鎮金口，留下幾條古街和幾幢古宅，推想，它們被毀也是遲早的事。

無論是商埠式住宅還是單純的住宅，這樣一些清代民居，在武昌城鎮鄉村至今已經所剩無幾了，這是什麼原因呢？為什麼北京四合院留下來了，山西富商大院留下來了，江西徽派鄉居留下來了，江南古鎮民宅留下來了，但是，武昌，曾經在長江南岸大片雄踞偉立的老宅，連同它們有過的滄桑繁華，一起煙消雲散，讓後人驀然回首，往事如夢。

武昌老城和老宅的廢棄，原因非常多，有歷史的原因和地理的原因。中國人的習慣，每一次政權的轉換就會「火燒前朝宮室」，作為中國中南部的行政中心，曾經與之配套的城市建築格局在歷史的變革之中被逐一「摧毀」，先是官衙，例如王府口街的湖廣總署，後是民居，例如糧道街孔庚公館。

戰爭，只是城市災難的一種，還有幾個世紀以來的火災和水災，木結構的中式建築在一半天意一半人為的夾擊下就這樣大部分消失了，剩下一小部分也在一天天殘舊、破敗、頹廢，直到徹底消亡的那一天。

王朝政體變換了，行政中心遷移了，新的急匆匆地要取代舊的，誰願意「三思而行」？一九二六年十月，當武昌老城牆被下令拆毀的那一刻，人們想：「還有什麼不能被毀掉的？」

北京四合院，因為對皇城根兒的留戀被保留下來了；山西民居、安徽民居、江南民居，因為地處「窮鄉僻壤」也被保留下來了——只有，武昌，因為天、地、人、神的原因，只能作上面的取捨。

於是老城成為歷史，老街蕭條，老宅淒涼，「蛛絲兒結滿雕樑」，當年的榮華，只能從故紙堆中去尋找。

傳統式的武昌民居，無論是官宦之家，還是民間住宅，還是商住居屋，有一個較為統一的特徵是：天井式院落為居室的主體。至於這類建築形式的由來，有說是南北東西來這裏定居的商旅傳入，有說是從古到今居留本土的楚國先民源流，總之，無論是異鄉還是當地，中國傳統的封閉式的民居樣式，在中國大地的高山廣原幾乎是一脈相承的。

武昌官宦（或是退休官紳）之家大都在武昌老城牆以內，圍繞當年的督署、府衙等政府機關周邊建立豪華私宅，例如糧道街、胭脂路、保安街、王府街、司門口、長街一帶都曾經有過的豪門大宅；也有建在城外的官紳居屋，如戈甲營吳氏鶴飛雲堂。除此之外才是平民的居所，例如商住樓和居民宅，上文說到的武昌城內的好幾處清代遺留下來的圍合式民居，當年都屬平民百姓的居所。

當年的武昌老街，大道開闊，小巷幽深，一律青石板鋪地，每行走數十步掘一口井，石砌井欄，井水清洌，行人隨時隨處可以飲用。街道坊間屋舍儼然，氣象森嚴的衙府，戶列羅琦的商埠，靜守門戶的民宅，木結構的中式建築，牆倒屋不垮，豪宅用上等石材、上等木材和琉璃瓦，擴大庭院為花園，數個天井呈橫向或縱向拉開，俗話道「侯門一入深似海」，指的是府第建築的規模宏大。民間百姓住宅，即使是再富有的人家，也只能是青磚黑瓦，這是朝廷的「規矩」，於是，商賈之家只有在宅子之內稱富，屋簷，樑木、窗櫺、門扇，滿是精雕細刻的花鳥蟲草和人物故事，一戶人家一齣戲，一幢宅子一齣戲。

單純性的民間住宅，一個最大特點是高聳在街邊的外牆，青磚牆或是夯土牆，外塗白石灰，牆體非常高，而且厚，牆頭隔斷路人向屋內窺探的視線。高牆正中開門，門框多為青石和花崗岩砌成，框架上端的兩個角砌成半圓形或是八角形。厚木門扇上塗黑色油漆，釘黃銅門紐和門環。有石階，但不高，一般是兩級。有青石門檻，也不高，不如我在天門鄉間祖屋的青石門檻高。奇怪的是戈甲營七十六號老宅，正面大門的石階在牆內而不在牆外，進大門不是朝上走而是朝下走，戶內地坪比戶外地面略低，兩層石階向下，進到院內便是早先的天井，因為現在天井已經填掉了。

整幢住宅屬三面合圍式，臨街高牆頂上鋪瓦起翹簷，另外三面是正屋和廂房，兩層樓，上下全用木板為隔斷，這種作為室內外間牆的木板，稱為「鼓皮」。

三面合圍的樓房對著住宅中央的天井——天井，由院落衍生演變的一種中華民族居住形式。

天井對面是南向的正房，正面不築牆，安裝隔扇門（富有人家會在這門扇上雕花），白天全部敞開，作為廳室，也稱「堂屋」，家人聚會、接待外客的地方。堂屋正中置橫條木案，名「香几」，供祖先牌位，或是神像，香几之上，牆正中掛字畫，名「中堂」。正房兩側的房間有的作為主人的臥室，有的富戶作為書房或小客廳、餐廳使用，因為他們可以將臥室移到另一進天井院落中去。

南北向，三面合圍，高牆臨街，大門、天井、堂屋，建在一條中軸線上，木樓梯由廂房後面中間上樓，臥室設在廂房或是二樓，講究的人家，樓上有雕花圍欄，依著欄杆可以看到天井和堂屋裏發生的任何事。

中央天井，因為是高牆木樓的合圍而形同深井，上接天光，下泄積水，這就是民間所說的「四水歸堂」住宅，封閉式住宅的典型模式——三面房屋的屋簷朝著天井中心伸出老長，簷下屋外的天井四周是磚石砌成室外廊道，所謂「人在廊簷下」的情景便是如此。廊簷下的廊道是居戶（尤其是內眷和僕婦）高牆之內最主要的活動場所，因為她們少有去堂屋休閒玩樂的機會，每一戶人家的中央廳堂都是屬於當家立戶的男性所有。

天井中，廊簷下的女人，想像中，她們穿著清代的衣裳，斜襟寬袖長擺的長衣，闊腳褲或是百折裙，藍布印花，湖北天門的藍底子白花的印花布當年在中國是出名了的，粉面桃腮，黑光油亮的髮髻挽在腦後，長長一根銀簪子，圓圓一對銀耳環，陶缸在天井邊淘米，一雙銀鐲子敲得瓦盆子叮叮噹當地亂響……

只是，我所看到的武昌市區和金口鎮的幾幢明清老宅，天井變成了水泥平地，當年景象一去不返，頭上屋簷還在，四方圍合覆蓋，透出一片長方形的天空。

據說，被拆毀的白沙洲陳家巷正街二十三號盧家老宅，算是武昌地區最漂亮的一幢清代老宅——院牆平直高聳，前後兩進庭院，杉木鋪墊地板，鏤空的隔扇門窗，雕刻彩繪的雀替和斗拱。盧家，祖籍江西，房屋建築吸取了徽派民居風格。

北方民宅，一律是清水磚牆，上蓋灰瓦或是黑瓦，遠望去，青灰蒼茫，淳厚莊重。長江以南的居屋，一律是石灰水粉牆，上蓋黑瓦，也就是人們常說的「粉牆黛瓦」，遠望去，黑白層疊，清爽古樸。

高牆之內，天井深深，戶外不能窺視到戶內，戶內也很難逾越到戶外，「獨門獨戶」，一戶人家只有一個主要的出入口。南面臨街高牆正中的那一扇石砌大門，門楣上築有凸出門簷，雖然沒有江浙及安徽的高門大戶那樣精美無比的門楣雕刻。

今天遺存下來的武昌民宅，多半是懸山頂，雙坡落水，正屋瓦脊中間略低兩側略高，端頭也只翹起那麼一點點，談不上是「飛簷」；正面臨街院牆的牆頭也蓋瓦，瓦脊兩側的簷頭也只是稍稍向上翹起那麼一點點。不僅與鄰省頭角崢嶸的徽派民居相去甚遠，也與一江之隔的飛簷翹角的大余灣民宅也相去甚遠。據說，武昌老街曾經有過馬頭牆高聳的地道徽派民宅，但是，後來已經沒有了。

外觀簡樸，不重修飾，可以說是武昌古民居的建築特點。和婺源鄉間看到大片參差凸出的馬頭牆和翹頭簷不同，人字形山牆的武昌老宅另有一種古風蒼涼之感。

金口鎮後灣街五十二號清代老宅，是金口古鎮保存完好的數幢老宅之一。高牆臨街，三合院落，天井毀棄，室內改建很多，舊時風貌依稀可見。屋外東西兩側，山牆人字形，高牆之上開小窗，窗框之上也有凸出牆外的窗簷。站在鄰居的三層水泥磚瓦樓上朝下看老宅的瓦頂，黑瓦覆蓋，瓦簷向屋子中心伸展，原先的天井已經填成平地，走進大門，走過填平的天井，穿過木柱和木板架構的正房，一個小小的後院，西面院牆裏邊，至今還留有一口水井，只是井中無水，水源斷掉多年。

可以想見，這樣一戶人家，如果糧食屯足，即便是關門閉戶數月也能生存。有井水處，必有人家，水是人的生命之源泉，所以，那怕是一戶面積並不算大的宅子，也要在一方小小的天地中挖一口井，也許是順應長江沿岸戰亂頻繁的需要，但是，從另外一個角度來說，這也叫做是「封閉自守」，以牆相隔，與外界保持警惕，保持距離，向外封閉；以井相集，向內聚合，對內俯首，聽命於家長。中國的家族制，家長制，家天下，從武昌老城天井式的院落民宅的建築格局中，可以深刻地體會到。

天圓地方，中國人的宇宙觀，端方正直，中國人的倫理觀。無論是北方的四合院式住宅，還是南方的天井式住宅，代表的自然是這樣一種從古到今的中華地域文化特定的思維體系及觀念。

清代晚期，武昌古城迎來了它最後一段時空的輝煌，如同《紅樓夢》「元妃省親」那一節。一八六一年漢口開埠，一八八九年後張之洞新政，當時的武漢三鎮，新生事物層出不窮，宏圖偉業，國計民生，人人心神振奮，感覺國家和個人的前途似乎是光明燦爛的。

張之洞倡導社會變革，在武昌城北建武豐堤，城南建武金堤，堅固沿江堤防，形成完整的長江南岸防水體系，阻擋長江大潮向城區侵入；在老城牆上新開「通湘門」，與湖南、廣西，以及更南邊的福建和廣東相通；加緊城區內外的建設，廣建學府和書院，支援華埠工商業，在武昌老城圈以外開發工業區及居民區……

城市建設的飛躍在引動本土商家的同時，也引來海內外的達官巨賈，看中的是兩江交匯處的漢口、武昌、漢陽這一塊風水寶地——我們所知道的武昌老宅，留下來的和被毀掉的，其中多處，就是在這一個時期內建成的。

武昌老城、老街、老宅，徹底毀滅的時間在二十世紀末，沒有經過深思熟慮的大規模的城市重建，有著比戰爭以及其他自然災難更為強大的摧毀力——劫後餘生的幾幢，盡可能地寫到這篇文章裏去。

二〇〇四年，我去曇華林，二〇〇七年，我去金口，幾間老宅風雨飄搖，的確不能和我曾經去過的山西、安徽、江西、雲南、貴州等地的氣象崔巍古宅相比，但是，它們是我的城市母體的殘痕。

武昌老城城門外的曇華林，兩山間的一個凹地，先前荒草叢生，清中期，城市密集發展，迫使居民由城內向城外遷移，這個幽僻之地建成了一條街巷，北通江邊漢陽門，南與小東門、大東門相接，也就成了老城牆根下的一條順暢的小道，天長日久後小道兩旁民居聚集，於是才有了後來的興隆，於是也有了後來的衰敗。

戈甲營是與曇華林呈橫直相交的一條窄巷，最早是守城部隊屯兵的兵器庫，後來演變成居民區。

武昌城西的白沙洲，武金堤築起之後迅速成為湖廣地區竹木貿易的重要碼頭，從洞庭湖水運過來的湖南的竹子和木材在這洲邊起岸上坡，然後在這洲岸上的小街上分散買賣到中國的各地。竹木生意發財後的商家，有人在這洲上建房定居，從此以後，草木萋萋的江上沙洲有了一條商店繁盛的小街，街面是集市，街後是民居，再後來，小街變成了小鎮。

古鎮金口，江夏古城，屬武昌，地處長江東岸，有武漢市南大門之稱，古木參天、古屋儼然，曾為古江南第一大都會，更是流通四方的商埠要津，「四方百貨，日夕軔集，舳艫帆牆，絡繹不絕」，人稱「小漢口」。

今天，無意讀到長江商報關於武昌新洲萬福林社區陸家街尋古的報導，圖片中，老屋在街邊赫然矗立，高聳的院牆、洞開的石庫門、凸出的黑瓦門簷、光滑的青石臺階。一百六十年歷史的老宅，一望而知是我們熟悉的武昌古民居樣式。屋主姓盧，與白沙洲盧家老宅的主人祖上是叔伯兄弟。可謂是「無巧不成書」。當年，盧家做竹木生意來到湖北，發家致富之後一樹分兩枝，一戶居武泰閘，一戶居白沙洲，隔一段並不遠的距離，蓋兩棟式樣相似的房子——也不知這一戶盧家老宅的命運將來會怎樣？

但是，我們所走過的、看過的、聽說過的那樣一些的老宅呢？白沙洲盧家老宅、曇華林和戈甲營老宅，還有武泰閘盧家老宅，還有很多消失掉了但依然存在於人們的記憶中的明清老宅，三面合圍，形如堡壘，在現時代的空間，這樣的建築格局，是否還會存在？答案是肯定的。

譬如武昌長街（今解放路），沿長江岸順次延伸，往北是江邊碼頭，貨運人流的源頭，往南是政府機關要地，有蛇山登高，東湖望遠，閱馬場看練兵，黃鶴樓底下的戲院子聽戲，江邊茶館喝茶——老年月裏，長街上車水馬龍，四方生意，八方來客，沿街店鋪門戶向街心大開，店堂開闊，門陳珠璣，戶列綺羅，店堂背後向裏走，經過天井是自家的住宅，住宅後邊通往街背後的里巷——一動一靜，一前一後，才是鬧市中的民居。

譬如古鎮金口，青麻條石鋪地的後山街，節次鱗比的木構架黑瓦屋，兩層樓的商埠，樓下是鋪面，木板門一扇扇地打開，樓上住人家，鼓皮牆板，雙層出簷，瓦簷長長伸向街心，遮日頭瀉雨水，也能招徠顧客。小街蜿蜒，從北向南，直通鎮子中心的東街和西街。臨江的前街，早先是商貿碼頭和集市，沿著江邊往東走，綠樹蔥籠的槐山腳下，一處五百米長的石頭駁岸，石欄柱頭的雕刻十分古樸精美，明嘉靖時建，長江全線唯一留存的堤防古跡。駁岸旁邊的槐山，山上有留雲亭，山凹有三棵枝葉茂密的千年古銀杏。

這樣的城鎮是開放地向外的，這樣的民居也是——儘管也有天井，但是，再也沒有了高高的院牆，除去與世隔絕的隔斷層，居室與商店連在一起，門戶與集鎮連在一起，居民和社會連在一起——從高牆深院中走出的女人，當年該是怎樣的一種欣喜？沒有時間去追問她們走出後的故事……

只有這樣的環境，才會有傳承百年的宅第，流通、興隆、繁盛、富足，古城、古鎮、古街、古屋。白沙洲和武泰閘的兩戶盧家老宅，清楚地說明商人和城鎮和商埠和豪宅之間的關係。另外如山西、安徽、江浙等地，商貿經濟，城鎮建設，城鎮建築，明清兩朝，環環相套、一榮俱榮，盛況更不用說。

行走武昌，尋覓武昌的老宅，可以看到，每一幢老宅的存在，和它身處的環境密切相關，歷史背景，地理位置，街區建設等等這樣因素相關。

後灣街躲在江濱大道先前的前街背後，是一條幽靜的小街，清代古宅和清代基督堂隔著青石路面相對而立。後灣街五十二號老宅現在的戶主姓鄒，我去當天，家裏只有一個小女孩看門，說：她家並不是老屋的故主人，爺爺那一輩從湖南來湖北，在金口鎮買下了這幢老宅，修整之後，爺爺、奶奶、爸爸、媽媽，還有她，全家人從湖南搬來了這裏定居。那天，她對我說，她家不會拆掉這幢老房子。

漢口老里弄

里弄：漢口人叫「里分」，上海人叫「弄堂」，唯中國獨有的殖民風格建築形式，長江沿岸「開埠」城市一道獨特的風景線，興於十九世紀末期，止於二十世紀中期。典型的中西結合式建築，歐洲聯排式住宅和中國四合院以及中國天井式院落民居融為一體，一條里弄，相當於現代城市的一個「住宅社區」。

奇怪的是，這樣一種隨西方文明侵入中國而衍生而成的民居建築，在中國，在長江沿岸，也只有兩個城市有，一個是上海，一個是武漢（當年稱「漢口」）。只不過是，很多人（武漢本土人除外），只知道上海的「石庫門」，而不知道漢口的老里弄。

曾經，老漢口居住文化的繁榮興盛超出了我們的想像。連同近代拆毀的計算在內，漢口市內的里弄共有二百零八條，二十世紀二十年代至三十年代形成建築頂峰。生在漢口，自小到大，我較熟悉的里弄有：生成南里（已拆毀）、華中里（已拆毀）、冠中里（已拆毀）、聯保里、寧波里、東山里、昌年里、漢安村、坤厚里、中孚里、上海村、江漢村、咸安坊、同興里、寶善里等。近十年來，中山大道沿線有幾條著名里弄由於各種因素被毀，除此之外，這類遍佈於漢口老城區深處的舊式民居大都保存得完好。

當年，老漢口的街市彙聚在漢水之濱，以水運為主，形成中國南北商貿樞紐。那時候，長江岸邊，今天沿江大道一帶，遍佈湖泊和沼澤，地勢低窪，水患肆虐。一八六〇年，「漢口開埠」，英、德、日、俄、法五國租界劃定，先有西人後有華人，投鉅資改造長江北岸大片「不毛之地」，漢口城市的中心由漢正街移到江漢路，由漢水之濱移到長江之濱，這就是武漢市近代化城市建設的開始。

城市經濟的日益繁榮伴隨著城市人口劇烈增長，十九世紀末至二十世紀初，長江北岸的五國租界區以及中山大道沿線，地皮炒至「寸土寸金」，於是，有地產商人考慮到「節省占地」的「里弄」式民居建築。清朝

漢口同興裏里弄住宅

末年，漢口出現了第一條里弄——新昌里（已拆毀）；一九〇一年，漢口地產大王劉歆生在漢口中山大道（水塔對面）建起生成南（北）里。此後，老漢口市中心區的民居建築以里弄住宅群為主。

漢口早期里弄建築（如生成南里），因為市場急需，開發商並不作長遠計，匆匆購置地皮匆匆施工，建築材質簡單，磚木結構，以木材為主，傳統的建造方式（指中式傳統建造方法），小塊面積密集建築，設計簡單粗糙，住宅之間間隔窄狹巷道，居室內的採光和通風條件很差。

很小的時候，我曾經進去過生成南里，屋子裏過道漆黑，牆壁上石灰剝落，年代以久的木頭樓梯踏上去「嘎吱」作響，每一套居屋都帶有暗室，基本上不考慮廁所之類的衛生設施。從中山大道街邊鑽進去，順著巷道可以走到交通路和花樓街。老漢口人都知道抄這條近道，天長日久，巷內通道變成小街，人來車往，滿地泥濘和垃圾，喪失了里弄民居封閉自守的特色。後來，生成南里全部拆毀，建起佳麗廣場和大洋百貨等好幾棟商業大樓。隔著交通路的生成北里至今還在（二〇〇九年毀於城區地鐵修築工程）。

德國美最時洋行的買辦王柏年在當年中山大道的盡端，今中山大道和岳飛街交匯處，建起磚木結構的昌年里，建築樣式參照中國傳統木結構覆層民居，站在天井裡，朝上望去，木頭圍欄環合樓上的居屋。這樣古舊風格的民居，今天在漢口已經所剩無幾。

棉花商人程沸瀾、程子菊，在漢口置有漢壽里、漢潤里，聯保里。漢潤里位於中山大道南京路段，里弄口最明顯的標誌是老北京書畫店榮寶齋。

江西鹽商胡賡堂，在漢置有永安里、永茂里、永平里、瑞祥里、瑞慶里、碧雲里等兩百三十二棟。我熟悉的位於民眾樂園對面中山大道街邊的永安里，並不具備里弄住宅的基本格局，只不過是一條巷道兩邊的磚木房而已，可能是（里弄住宅）初期一種建築形態……

上述為漢口里弄第一期建築階段。

二十世紀二十年代，武漢城市建設發展的頂峰，地理位置和水陸交通的優勢，口外通商及口內通商的繁盛定居漢口的商貿富戶逐日增多，上述簡陋型的里弄住房，再也不能滿足這些荷包飽滿的中產階級的需要，於是有官紳商賈紛紛投資民居房產業，這是漢口里弄建築的第二時期，即高級華人居室社區建造時期，具體時間自一九一五年（即咸安坊建成時間）始，至一九三七年（即日本侵華時期）結束。由此類推，老武漢的里弄建築，建造時間最近，也有七十年歷史了。

這第二期里弄建築，與第一期里弄建築，雖說建築思維有共同之處——小塊地皮密集建築——但是，兩者不能同日而語，後來者居上，以豐厚的投資換取效益，「捨不得孩子套不來狼」，高等住宅才能引來上等租戶。

選擇一個良好的居住環境，首先是「大環境」，居住區的周邊環境，這點很重要——老漢口第二期里弄住宅多數在租界內選址動工，如英租界內的上海村、江漢村、咸安坊、大孚里；俄租內的輔堂里；法祖界內的長安里、長樂里等等。

第二期里弄建築雖說依然是磚木結構，但是隨著時代發展，建築工程學的進步，加上投資者的決策（建高端住宅），這一時間段內建起的里弄非此前可比，例如一九一五年建的咸安坊，例如一九三六年建的江漢村。

俄國新泰洋行買辦劉輔堂及俄國阜昌洋行（都屬俄商磚茶廠）買辦劉子敬父子倆瘋狂投資地產，在租界內外建起輔堂里、輔義里、輔仁里、輔德里、方正里。其中，位於中山大道蘭陵路段的輔仁里我比較熟，因為一個同學住那兒我去她家玩過，石頭巷道，石頭大門，黑漆木板門，進去，木樓梯上下，樓上全鋪木地板，室內空間很敞闊，記得一間大屋子裏擺了好幾張床也不嫌擠。

二十一世紀前後，一直到今天，市政建設飛速發展，漢口里弄已經被拆毀的不少，不知道哪一天會不會從我們的生活中和視線中完全消失？

從建築美的角度，里弄住宅的結構美以及觀賞美，不僅是一九四九年後建的火柴盒的住宅樓沒法跟它比，就是現今建起的好多住宅社區也沒法跟它比，尤其是我開始了關於武漢城市近現代建築研究之後，這樣的感覺更是與日俱增——走在幽深的弄堂裏（漢口人稱

「巷子」），斑駁頹毀的石庫門是漢口最美的風景。

漢口里弄非常多，每一條里弄的建築風格都各有特色，總的說來，同一條里弄中的建築樣式較為統一，門、窗、涼臺的樣式，還有磚牆的顏色等。

平面空間較為規整，長方形為主，也有多邊形的，區域四周，以里弄房屋環環圍住，對外界封閉，對社區內開放。每一個里弄都有固定的出入口，大型的有四個出入口，小型的在弄堂（也就是巷道）一頭一尾各一個出口。

由一至二條主巷道及多條支巷道貫穿住宅區的交通，巷道橫平豎直，極少有彎曲狀的，里弄巷道，不僅是社區行走的通道，也是社區居民戶外休閒的場地。

住宅樓與住宅樓之間緊密相連，以牆壁分隔，而各自為一幢獨立式住宅，外部結構上來看，以每一扇臨街（巷道）門為一個居住單元，即「石庫門」——門框和門楣，全是用堅固的花崗岩壘砌，由是得名。

這種三面圍合中間空凹的建築格局，像一把拉開來的中式黃銅大鎖，所以也被稱為「鎖頭式」。

當年，老漢口的石庫門建築，其繁盛景況，不輸上海。

每一爿石庫門其實就是一幢住宅樓，一個獨立的自成格局的建築體，樓上樓下，前後左右，所有的房間劃分，設施配套，都是為一戶人家安排的，後來因為世事變遷、人世滄桑，這樣一個「居住規律」被打破了，我看到的所謂石庫門居住境況多數已經是擁擠不堪和潦倒不堪了，此是後話。

以石庫門為一個建築單元：平面圖，如兩個「凹」字形狀，底邊相連，前後各有一個天井。建築學上認為：石庫門住宅的前後天井，其實是獨立式住宅的庭院的「壓縮」，迫於生存空間狹小的一種權宜性的設計。走進大門，從天井內仰頭「口」字形上空，三面圍合的大窗分享著小小的一片天光日影。

由天井進去就是開敞式的客廳，鋪墊水磨石花形地磚，一般是陶土紅底色摻白色瓜米石，也有黑灰底色的，上世紀初的建築裝修時尚。天井以內及兩側為居屋，上下兩層磚木結構小樓，室內空間很高，樓下依然是水磨石，樓上全鋪木地板。據說舊時代的居者，每隔一段時間都要在地板上打蠟，保持地板塗漆的摩登光潔。

樓房上下兩層都開有闊大長窗，於巷道之間及天井之間採光通風；窗扇裏外兩層，裏為玻璃窗，外為木製百頁窗，夏季隔熱，冬季擋寒；臨街大窗全部裝有鋼鐵花欄杆。

居屋後部有木製樓梯上下，二層有水泥欄目涼臺；涼臺有的建在屋子的前部，也有的建在屋子的後部。另外，樓上臥室還建有臨街小露臺。

每一戶都配有廚房，自來水、抽水馬桶、電燈，有的人家還安裝了電話。

走出後門，跨小天井，一扇院門通往屋後的巷道（有的里弄沒有屋後天井的設計），一樣與主巷道相連通，較正面大門前的那一道巷道要窄。

譬如咸安坊，赭紅色的磚牆，麻灰色的石塊牆基，向外凸出的石頭門楣，方正硬朗的石頭門框，磨得光溜的石階，雙開扇的黑漆大門，這就是石庫門最美的風景。還有更高檔的，如洞庭村和江漢村，每一幢房屋的風格各自不同，雕花牆面，雕花拱門，凸出的小涼臺，門口還圈起一個小小的庭院，院子裏種一兩棵樹——這哪裡是里弄，其實是里弄深處的小公館，這也算得上是里弄住宅之上乘了。

較之公館和高級公寓，里弄市風民情更為市民化一些，一是居戶大多是生意人，精於算計，量入為出；二是居家彼此之間離得太近，世間萬象、市井百態，資訊傳播也比較快一點。

人稱漢口為「五方雜處」之地，當年的里弄居民（指高檔里弄）來自中國各地：例如，漢安村住著從北京遷來漢口的平漢路局職員，二德里住著徽商和源錢莊的後裔，咸安坊的一位老人告訴我她家是「老銀行職員」的後代，另外，我猜，除中國人外，也許還有異國居民也在裏巷內住過。

一九四九年前，里弄住戶的社會身份大多屬於中產，高於貧民而低於貴族，貴族住公館，貧民住簡易房，中產階層住里弄。當然也不可一概而論，上面我說的洞庭村、江漢村、六也村的幾條里弄之中，住的幾乎全是有錢有權有身份的人物。另外，中山大道邊的生成南里和永安里，因為建築品質低劣而逐漸淪為貧民的居所。

洋行職員、銀行職員、華商商行職員、南來北往的生意人、漢口本埠的商界小老闆或是實業小老闆，股票證券交易所的經紀人、走紅的藝人、收入不菲的文人——男人西服長衫，女人燙髮旗袍，穿著講究，舉止得體，出門黃包車，家中有娘姨燒菜……這樣一種優雅的紳士派場，表面上平和得如同裏巷歲月一般不急不緩，暗地裏卻是由世事艱難的刀光劍影中拼殺出來的。

每一爿石庫門內，都有一個深藏的故事。

當年，一爿石庫門內只住一戶人家，客廳、餐廳、活動室、廚房、衛生間具全，二樓作臥室，避免樓下人客來訪以及巷道行人過往的干擾。

居屋分為左右兩側，老人和子女分住，或是主人和僕人分住，或是主人和客人分住，上下有別，尊卑有別，可靜可動。分開來，各自為一個小天地，合起來，便是一個大家庭。

里弄居家，居屋相隔緊密，鄰里之間想不交往也很難。一家做菜，香味飄進十家的門內；一戶生了兒子，紅蛋送去一整條巷子。只不過是身份高些的人家，與鄰里的來往稍稍疏一點，而身份略低的人家，鄰里間的來往稍稍密一點，當然，也不是一概而論。

一九四九年後，里弄住宅約定俗成的居屋規矩被打亂了，原先住一戶人家的石庫門，現在塞進三、四戶或者五、六戶，「破壞性」的居住，是漢口老里弄之所以如此淪落的原因。

也許是因為石庫門住宅的「深藏不露」，在中國近現代歷史上，常常被用來作為「秘密活動」的「據點」。最著名的一次事件發生在一九一一年十月七日，俄租界寶善里十四號（今楚善里二十八號，位於蘭陵路和合作路之間），當時湖北共進會機關，孫武和劉公製造炸藥不慎起火爆炸，由此推動辛亥革命提前舉事。

人們只知道上海的「三十年代」，卻很少知道武漢的「三十年代」。

二十世紀初期，漢口五國租界之內，西人管理比較嚴格，社會治安相對良好，洋商和華商在此多年投資，江漢路（中山大道以南）、上海路、青島路、南京路、天津路、勝利街、鄱陽街、洞庭街及黎黃陂路一帶，屋舍華麗，街道清潔，行道樹密植，春夏秋三季綠蔭覆蓋，街區環境非常優美。此外還有中山大道以北，包括江漢路以東、直到球場路路段為止的華商「模範區」——仿租界式的街區建設，如上面江漢二路民居圖示，如是形成漢口三十年代城市民居建築的整體規模。

在這樣街區環境中建起來的高檔里弄住宅社區也就濃縮了漢口中上等階層的生活影像。當時中國開埠城市之中，如按生活品質而論，位居前列的只有上海、天津、武漢三個城市，當年，凡是上海有的，幾乎漢口都有，上海人能享受到的，幾乎漢口人都能享受到。而里弄居民的生活呢？則代表了漢口中上等階層人物的生活標準。

從晚清以來，中國女人的服飾變革一直在旗袍上翻花樣，至二十世紀三十年代已經臻達「完美」。譬如我見到一幅張貼於漢口三十年代的仕女廣告畫，令人驚異地看到，畫中身著齊腳踝緊身長旗袍的時裝女郎，上半身的旗袍面料居然是半透明的。當然這屬特例。

作為社會中上階層的代表——里弄女人，當年必定稱得上是「時尚衣模」，隨電影女明星的樣式著裝，以旗袍為例，絲綢面料，高開岔，高立領，盤花紐扣，足蹬細高跟皮鞋——華裔女作家聶華苓關於武漢回憶錄中早已經提到過。

這樣著裝的女人是不用操勞家務的，家中自然有女傭和男僕料理。石庫門內等級制度十分嚴格，後廂房及三樓的亭子間都是為下人預備的。

有一個朋友告訴我，他從小住的那一條里弄中，有一家鄰居是一位工商業老闆（當年稱「資本家」），養了三房姨太太全都住在同一條里弄裏。

某家的女主人如果出門，先讓黃包車貼著自家的石庫門歇著，然後才從天井裏婀婀婷婷地走出來，坐到車上去。或是籠著毛皮暖手籠子，站在弄堂口讓傭人幫著叫馬車。日常的社交玩樂多半是張太太到李太太家中打麻將，再不就是約著逛街。據老漢口人回憶，當年漢口華埠有身份的女人常常去購物的地方是漢正街、花樓街和江漢路。買下的日用百貨或是由跟著的僕婦拿著，或是由店裏的夥計後來送上門來再算賬付錢。

當年的漢口女人最大的娛樂是聽戲。老漢口曾經是中國三大戲窩子之一（另外是上海和北京），當年漢口演出最火的戲，第一是京劇，第二是漢劇，第三是楚劇。里弄女人也許聽京劇和漢劇的要多一些（楚劇則是屬於低層貧民的「俚曲」），不僅聽，而且還要「票」，有錢人票戲是社會時尚，三十年代漢口有身份的男人和女人「票」漢戲的居多。而且有不少里弄富戶都願娶唱戲的女人作妾，起初愛戲中的角兒，繼而愛扮那角兒的女人。聽老人說，比起旁的女人，唱戲的女人更為妖俏溫婉善於奉迎，比較適合作妾。這是題外話。

有身份的女人不會站在弄堂裏說三說四，那是下人的習性。她們只會在麻將桌上說是說非，出了石庫門，走在弄堂間的巷道裏，里弄的旗袍女人是美麗的矜持的摩登的，優雅的世俗的時代模特，並不只是呆呆地守在流年如水的老月份牌上。

懷舊，在這裏，不單只是情調，而是你眼中的真實。

牆壁上的塗料斑駁了，門窗上的油漆頽敗了，石頭門框和石頭臺階磨得照得見人影，上世紀的「三十年代」早已過去，里弄的居戶，走的走了，老的老了，春去春又來，我來的這天，陽光依舊，老屋依舊，石庫門美麗依舊，昔日的繁華融進了滄桑，老漢口的風情，唯有想像……

走在背靜的弄堂裏，黑漆的木頭大門緊閉，褐色的木頭百頁窗緊閉，鐵花小涼臺低低地懸在路人的頭頂。時光在這裏定格，但是你不會以為回到了過去。站在巷道的一頭，朝另一頭縱深看過去，灰白色的石庫門在幽暗的巷道中順次往前排列，一派時光幽遠的風景。一位紅短裙裸肩膊的女孩倚著一輛摩托在幽長的巷道中間立著，將你的神思從上世紀三十年代一下子拉到了今天。

江漢路

江漢路：起於沿江大道，穿過中山大道、京漢大道（原京漢鐵路）、解放大道，止於新華路。

清末原為一條土路，因其南端臨長江，而且位置適中，逐漸形成漢口商貿集散地，名「廣利巷」。

一八六〇年漢口開埠，這個路段緊鄰英租界，英國人擴寬成為碎石馬路，名太平路，後迅速發展成為金融商業街——即今江漢路步行街中山大道至沿江大道（江漢關）一段。

漢口江漢路步行街商區

後來，漢口大地產商劉歆生從中山大道（當時名後城馬路）起，築路與英租界太平路相接（即今中山大道與江漢路十字相交處），另一頭往漢口北部伸延，跨京漢鐵路，止於劉家花園大門門口（劉歆生私家園林，毀於清末），從此漢口北郊與漢口鬧市相銜接。後經英租界工部局報請英國女王維多利亞批覆，將這一段路命名為歆生路。

一九四九年後，上段太平路和歆生路合併為江漢路，再從解放大道循禮門往北與梅神父路相連，原梅神父路改名江漢北路。

不過，漢口人俗稱的江漢路，依然是指從京漢大道（原京漢鐵路）到中山大道，止於沿江大道的這一段，因為這一段街道是漢口人最愛的商業街區。

二〇〇〇年，政府將北起江漢四路，南至沿江大道一段江漢路定為步行街，長度一千兩百一十米，為中國國內最長的一條步行商業街。

因為地段太好，離租界近，離碼頭近，離華人商區也近，洋人和華人爭相在此街邊建房或租房營業或居住，一般來說，洋商多在中山大道至沿江大道一段（南段），中山大道往京漢鐵路一段（北段）則全部為華商聚集區。

江漢路兩側主要為商埠（主要是商住樓的樣式），銀行、商行、店鋪、飯店、醫院、報社等。

因為建造者各有不同，建造年代各有先後，所以建築風格樣式也不一樣，全部為西式建築（近現代建築），古典主義、文藝復興主義、中西結合式，三十年代出現現代派建築，例如漢口建築師盧鏞標設計的四明銀行和中國實業銀行。

現在，這條街上的建築除少數被拆毀以外，多數保存完好。

二〇一〇年，修建地鐵，拆毀中山大道至花樓街、至交通路一片江漢路段的商埠和民居，其中有很多式樣精美的古典主義建築，建築歷史將近百年。

難道城市發展非得以毀掉城市文化歷史為代價？

武昌曇華林

武昌老城城門外的曇華林，兩山間的一個凹地，先前荒草叢生，清中期，城市密集發展，迫使居民由城內向城外遷移，這個幽僻之地建成了一條街巷，北通江邊漢陽門，南與小東門、大東門相接，也就成了老城牆根下的一條順暢的小道，天長日久後小道兩旁民居聚集，於是才有了後來的興隆，於是也有了後來的衰敗。

「曇華林，位於老武昌城的東北角，花園山北麓及螃蟹甲之間的一條東西走向的古巷。早先，只是指與戈甲營出口相連的以東地段，一九四六年，地方當局將戈甲營出口以西的正衛街和遊家巷併入統稱為曇華林後，這個街名的覆蓋面便沿襲至今。現在通常所說的曇華林一帶，具體指東起中山路，西至得勝橋，包括曇華林、戈甲營、太平試館、馬道門、三義村以及花園山及螃蟹甲在內，全長約一點二公里的狹長地帶……」

武昌曇華林民國時期住宅樓

美國聖公會韋廉臣主教於一八六八年在武昌花園山興建教堂——聖誕堂，一八九〇年，文華書院遷建至此，後來，「便有外國傳教團及華人接二連三地來到這裏，購置地皮、興建居屋和花園，一個夾在花園山與鳳凰山兩山之間，文化兼居住的高等西人及華人社區於十九世紀末至二十世紀上半葉逐漸形成」——此即武昌曇華林公館建築群。

由武昌胭脂路入小東門，上中山路，左轉，進入曇華林街，沿小街朝西北直走，經湖北中醫學院大門——文華書院（華中師範大學前身）故址，過武昌十四中（原國民政府軍事委員會政治部第三廳機關舊址在此校園內），徐源泉公館，螃蟹岬（又名鳳凰山），夏斗寅公館。路右側瑞典循道行教區，以及瑞典駐武漢領事館舊址。曇華林街三十二號劉公公館，現屋主拒絕開門受訪，此行受阻。接下來，由曇華林小街右轉，至三義村，尋訪拍攝「石瑛故居」被毀殘跡。自三義村走出，仍然循曇華林街前行，左轉上得勝橋，再轉道三道街，尋訪「三道街一百一十八號」劉佐龍官邸，因為當地拆遷新建變化太大，未能尋訪到（後來知道已於二十世紀末被相關單位拆毀）。

由中山路北行左轉進曇華林街，進入街左側的湖北中醫學院校園，此一帶即「鼓架坡」，尋訪拍攝武昌聖誕堂、文華書院校舍等。由後門出（此即胭脂路的最尾一段），登花園山，尋訪拍攝武昌義大利教區天主堂（俗稱花園山聖家堂）、花園山主教公署大樓。原路返回，由湖北中醫學院職工宿舍大院進入，於後山涉荒草進入嘉諾撒仁愛修女會小教堂內，拍攝廢墟實景。下山時拍攝文華書院圖書館故址（即「文華公書林」）。原路返回到湖北中醫學院校園，拍攝文華書院教工宿舍及翟雅各健身館。出門至曇華林街，二訪劉公公館，仍不得入。後入戈甲營街，拍攝英國倫敦會楊格非主教於武漢首創之基督崇真堂，拍攝戈甲營無名獨立院落西式民居，以及戈甲營及曇華林兩幢江夏民居，結束採訪。

曇華林建築群包羅甚多：有學校（包括教堂、校舍、健身房、圖書館等，例如美國基督教聖公會所建的文華書院及附屬建築），有單純的教區（上述的有瑞典行道會教區、花園山義大利天主教教區、戈甲營英國倫敦會教堂），有醫院（同仁教會醫院等），有辦公機構及會所（上述國民黨第三廳辦公樓即是，餘者因未查訪故從略），另外還有公館。

十九世紀中後期，自從西方教會先行一步開發了花園山之後，此一帶地段的地皮價格便逐日上揚。二十世紀初，武漢三鎮達官貴人，以入住此地為榮。於是，曇華林小街兩側，公館、別墅、普通私宅，一天一天增多，西式樓房錯落林立，紅瓦青磚白牆，羅馬立柱，拱券門窗，鐵花欄杆小廊台高挑透空，漢白玉高石階蜿蜒向上；庭院花園散落居屋其間，紅瓣散落，綠葉扶疏，山上空氣清新，山隙景色宜人——昔日「鬼都打得死人」的荒山野嶺，變成了社會名流的黃金休憩地。據我所知的著名公館有：徐源泉公館、夏斗寅公館、邵伯昌（辛亥老人）老房子、周蒼柏公館、劉公公館、陳時（辛亥老人、教育家）公館，石瑛公館、錢基博（錢鍾書的父親）故居等。

但是，自抗日戰爭開始，由於戰爭的因素加上其他的因素，武漢市由繁華轉為衰落——曇華林建築群的命運也一樣，及至二〇〇三年底，曇華林街區的歷史價值及文化價值引起有關部門的關注，但是，此一地帶的老建築，所遭受的毀壞（人為的）已經無法彌補。

二〇〇五年起，曇華林改造修復工程開始，直到今天，明天還得繼續。

武漢老公館

這次，有朋友聽說要寫武漢老公館，第一句話就是：「武漢還有老公館？」那意思再明白不過：像武漢這樣一個土地方難道還有什麼很有派頭的東西可以值得一寫？

在一個歷史悠久的大城市裏，沒有公館是不可能的，和其他的城市建築一樣，公館建築是城市的標識，也是一個城市進步的標識，這些隨漢口開埠而誕生的公館建築曾經由於某種原因被人們淡忘與人們遠離，今天，是翻開這一頁歷史的時候了——我們塗抹得掉這一切麼？曾經有人嘗試過這樣做，消毀歷史，消毀一切記憶，曾經這一代人與上一個時代隔絕，與我們世界外的那一個世界隔絕，曾經我們被弄得很無知，很愚蠢，很愚昧，因為我們所受的教育。於是我的那一位朋友不知道武漢老公館的存在——生活在斷層裏的我們這一代，可悲的一代……

大抵因為上述的思想契因，我寫作了好多年，描寫武漢市這個城市的文字只有很少很少一點點，武漢好像是一隻關住了我的瓶子，我只對瓶子之外的世界感興趣。對這個「生我養我的」地方，我的感覺一向很生疏，既不想瞭解它的過去，也不關注它的現在和未來，如同再熟悉不過的長江水，聽之任之地幾千遍地看著它滔滔往東流，並不覺得它和我之間本來是血脈相連……

好些人眼裏，武漢是一個土得掉渣的城市，最大的一條街是漢正街（因為近幾年宣傳得太厲害），最濃郁的民風就是市民氣，也就是人所稱之的「世俗氣」——武漢城市的整體風格之土之俗，幾乎全中國人皆知，包括我也這麼認為。其實，生於漢口的我，心裏知道，除了上面說的這些，武漢還是有另外的風貌，還是有另外的一些東西，還是有除了平民階層貧民階層的生活之外的另外一種生活，其中包括老公館。

漢口公館建築大多數是隨著租界的建立而建設的。

漢口老公館

漢口繁榮始於明朝末年，南來北往，商賈雲集，水陸交匯，貿易興盛。公所會館林立，私人宅第和私家花園遍及武漢三鎮。那時候的公館，即達官富戶的私人宅邸，建築格局自然是中式的，磚木結構，平房院落形式，和北京四合院的格局差不多，但並不講究嚴格的對稱，院落也不完全呈四方形封閉，而是因地制宜隨地勢而佈局，特別著意於公館中起小樓，樓上建露臺，憑欄遠眺清風徐來，或是建臨水遊廊，曲折宛延四面臨風。由於武漢的地理和氣候環境，夏日溽熱，所以採取的是南方澤國的建築樣式。最典型的公館建築有清末著名的劉家花園，也稱劉祥（即劉歆生）公館，位於漢口循禮門，是當年漢口最大的地產商人地皮大王劉歆生的私家花園。花園面積數百畝，之中，亭臺樓閣、遊廊水榭，雕樑畫棟、金彩輝煌，屬於中國古典式公館園林建築樣式。可惜整座園子的建築都毀於二十世紀初期的天災和戰亂，如今只剩一片不大的林木，現為武漢市船舶公司辦公處。園裏的建築是後來人修的，一幢鋼筋水泥的辦公樓，樣式十分醜陋，昔日風流，已作雲散。

所以，這次我沒能找到一處完整的古老的民族式樣的公館建築。武昌老城區可能剩有幾處，據說也已經毀壞得差不多了。近兩百年來的中國戰亂頻繁，加上「九省通衢」的地理位置，武昌古城一直為兵家必爭之地——木質結構的中國古典建築的生命之所以如此短促——在天災人禍的合圍下。

於是我選擇了寫自漢口開埠以來的那一些老公館建築的歷史，租界內和租界外的一些私人的宅邸，那一些西式的近現代歷史的民居建築，包括獨立式別墅和公館，其中房產權有的並不為私人所有，譬如一八六一年以後在租界內興建的各國領事館官邸等等，因為屬於公館式建築，所以在我的書裏我將它們也包括其中了。

別墅和公館，一個小世界，可能在鬧市之中，也可能在鬧市之外，不管它們身處何處，它們都和周圍的世界保持著距離——例如四川大軍閥楊森在漢口的公館，四面圍繞的花園面積就占地達五萬兩千六百平方米——一九四九年之後的我們這一代人所以對它感到陌生，因為我們從來就不曾身處其中，無論過去和現在，我們都在公館的圍牆之外，於是我們感到神秘，以為它不存在，實際上它從來都存在著。

我的這本書要說明的就是這一點。曾經，在我很小的時候也在一所老舊的老公館裏住過，但是先前我從來就不曾意識到，在我的記憶中它只不過是一所房子而已，實際上當年我住那裏的時候，這所老房子早已經失去了它作為一所公館的用途了。

這個夏天，二〇〇一年的這個夏季，我的調查工作自然從武漢城市建築這方面開始。我走了好些地方，跑了好些路，採訪了好些人，這個夏季我覺得好累。那一位生活在武漢七十多年的老人說得沒錯：「你要寫的這本書根本就不好寫。」不過他仍然給了我很多的建議和幫助，他和其他的朋友，他們給我關於老公館的線索，講述老公館的故事，領我進去參觀，讓我拍照，給予我他們所能夠給予的一切資料和資訊——沒有他們的幫助，我不可能寫成這部書。他們給我鑰匙，我拿鑰匙插進銹蝕的鎖竅，關閉了數十年的門扇向兩邊打開，我走了進去，

在漢口城市的建築史上，現代居住建築模式由租界開始，現代公館式建築也是由租界開始。建築專家說：「獨立式的別墅是（西方）最早傳入（武漢市）的一種住宅形式」。第一座獨立式別墅就是位於英租界之內的英國領事館及領事館官邸，然後是位於洞庭街俄租界的法國領事館官邸（東南亞殖民式建築），接下來陸續建起的洋人和華人的私人宅邸，也叫做獨立式庭院住宅，俗稱「公館」。例如位於漢口一元路法租界的武漢國民政府官吏蕭耀南公館，車站路法租界的英洋行賣辦塗堃山公館，洞庭街上段俄租界內的詹天佑公館，洞庭街中段俄租界內的俄國茶商李維洛夫別墅，於此相隔不遠，「邦可」西餐館隔街斜對面的俄國富商那克伐生（D · K · Nakvasin）公館，位於勝利街中段俄租界內的國民政府將領唐生智公館，黎黃陂路俄租界亞細亞洋行賣辦傅紹庭公館，沿江大道俄租界宋慶齡住宅，岳飛街法租界以及南京北路吳佩孚兩處公館；還有建在漢口京漢鐵路外惠濟路楊森行館（楊森花園），中山大道北銘新街白崇禧公館，中山大道南青島路汪偽政要葉蓬公館；武昌糧道街國民黨軍政要員夏斗寅公館和劉佐龍公館，武昌花園山主教公署，武昌武珞路老蘇家花園即中山艦艦長李之龍公館，等等。

在這次調查寫作之中，我回避了很多，因為我不想惹事，一個獨立謀生的自由作家是不想與身外那一個強大的體系去發生什麼人為的碰撞的，我不是一個堅定的自由思想的捍衛者，我採取的做法是儘量地躲避。所以我不可能走進我想走進的每一所公館裏面去，因為並不是所有的人都歡迎我進到那裏邊去的。通過近一年的調查寫作，我已經搞清楚了很多的事，我知道了有很多的老公館至今仍然還是「公館」，作為上流社會階層的住所，它的使用目的並沒有多少改變，只是原先是一批人在裏邊住，後來換了另外一批人在裏邊住而已；另外的一種情況就是，公館建築由原來的私人使用的性質轉為了國家使用的性質——或者成為政府部門辦公地（這類情況於我的調查多半沒有妨礙），或者成為軍隊機關駐地（這類情況我就不便去攪擾了，尤其是像我這次連帶了攝影的採訪調查）——住在公館裏邊的人換了，別的一切都還依舊——獨立、安靜、威嚴，與周圍的環境保持著永遠的距離——住在公館裏邊的永遠都是特權階級。

這就是公館的特色，可是我們有人天真地認為人生而平等，以為世界大同，以為從此一切都歸民眾所有，那麼，去看看你們身邊的公館吧，去尋訪你所在的那個城市的公館吧——公館依舊存在，它們並不只是代表著過去的歲月……

漢江堤

曾經，我在一個工廠待過二十八年。

工廠離市區中心很遠，那個地方可以叫易家墩、陳家墩、古田地區等等，總之是一大片地區的一個角落，但是，對於一個人來說，是一個很大的廠區，從少年到中年，二十八年在這裏度過。

工廠緊靠著漢水，對岸就是漢陽。河灘上風景很好，空氣新鮮，是一處美麗的郊野。但是廠區之內卻彌漫著金屬溶煉和橡膠塑膠擠壓還有各種油劑在機器之中攪和散發出來的難聞的味道。後來幾年我調到廠辦小學，學校和工廠有一道圍牆隔著，校門正對著漢江大堤。站在二樓的教室裏，窗子外面就是大堤，春天來了，堤上一片草色青青。乘學生們讀書的時候，走到窗子邊上，探頭一望，那一大塊青青的綠就貼住臉頰了，吸一口氣，滿胸滿腑都是新鮮的濕潤的青草的味道，至今都不會忘記。

最美的時光是春天的中午，特別是在那一些枯燥乏味的教學環境裏，年年復年年，重複著同樣的功課，面對著周圍同樣乏味的人。春天雖說年年都會有，但是沒有誰會厭倦，因為春天裏的明媚的陽光可以給人帶來希望的感覺，在那些個沒有希望的日子。

一整個上午，學校都比較忙，早操、早讀、上四節課，教師和學生都忙得一塌糊塗。傍晚，要放學回家，教師們住得都挺遠，住在市區，要趕班車回家，回家做飯帶孩子做家務，也是忙得一塌糊塗。中午，學校有兩個鐘頭的休息時間，教師們多數家不在工廠附近，所以不能回家午休，只得留在學校。如果是春天，如果太陽很好，那麼大家都會湧到堤上去，在那樣的時候，是我記憶中的天堂。

這是攔住漢江的一道外堤，堤上築的是環城公路，兩邊的斜坡上長滿了草，我們就躺在斜坡上曬太陽。春天的草長得還不算長，很軟很嫩，草叢中還有好多小小的野花，藍色花瓣，黃色花蕊，指甲蓋那麼大小，小眼睛似的，在密密的草縫裏瑟瑟地抖，用手輕輕一碰，骨碌一下，花骨朵就滾落在草棵子裏面，真的是太嬌嫩了。斜斜地躺在草裏，讓陽光斜斜地從天頂傾瀉而下，閉上眼睛，滿眼瞼充塞的都是金屬的顏色，略微有些燥熱的金屬的光線溫暖地覆蓋著我，在一個濕潤的清香的苦澀的青草氣息的大堤坡上。

摘薺菜最好的時候是在早春二月，那時候堤上的草最嫩，稀稀疏疏地長，遠看去一片鵝黃的顏色，草葉尖尖地朝上立著，在春風裏一愣一愣的。稀疏的草地上最好摘薺菜，湖北人叫地菜，貼著地皮長，鋸齒狀的狹長葉片，往根部顯出紫紅的顏色。葉片越大的越是肥嫩，用小刀貼著泥土割，一割一兜。大堤下邊挨著漢水有一長溜土地，走過這塊地才是大塊麻石砌成的內堤，石頭堤壩之下才是流淌的江水，當然這是說的不漲水的季節。在這一長溜土地上栽著好些杉樹榆樹，自由地生長著成堆的荊棘，例如秋天掛了許多小小紅果子的枸棘。因為年年被水淹過土壤好潮濕，這塊地面的地菜長得特別好。於是大夥兒從堤上一路下來，沿著這河邊去摘地菜。一下子瞧見一棵一下子瞧見一棵，都高興得什麼似的，好象發現了什麼寶貝。樂顛顛地俯下身去喜滋滋地割下一棵棵大葉片的地菜，說今天回去包餃子或者回去包春捲，說自己家的孩子最愛吃了，外頭買的哪有自己在堤邊摘的嫩？太陽曬得高了，堤上堤下一地金黃燦爛，開始覺得熱，脫下棉襖，只剩緊身的毛衣，額上滲出細細的汗珠。拎了一大包地菜慢慢地走上大堤慢慢地走回學校去。

雷雨的時候是不能到堤上去了，只有站在教學樓的長廊上看紛亂的雨絲在風雨中翻卷，堤邊的柳樹枝條飄揚得十分妖嬈。記得我清楚地看著那上面的柳樹葉子先是一粒粒穀黃色的小芽，然後是展開的纖巧嫩綠的小葉子，然後葉子一天天地長得長了大了綠了起來。

小學生高興地跑進學校又跑上樓，手裏拿了好幾棵白色的肥嫩的草帽頭的蘑菇，說是在堤邊大樹下採到的，一定要送給我，說用這種蘑菇做湯最鮮，家裏大人曾經給做過。雖然很喜歡但是我還是推辭著不要，因為那不是我自己採到的。孩子們說，經常吃的，不希罕了，老師一定得收下。記得那一日回家做了一碗湯，加了肉加了雞蛋。第二天對我的學生說很好吃的，特別的味道鮮美。孩子們很高興。

三月地菜開花，上堤一看一蓬一蓬的小小的一團灰白色碎花朵，心想這地菜怎麼就這麼多？二月裏猛摘了一陣也沒摘光。地菜花採來煮雞蛋，老人說吃了頭不暈，其實取的就是那一點野地裏的清香味。三月風好，暖暖的軟軟的，天也藍得亮眼睛，像一面大鏡子。我班上的那一幫孩子說，老師放風箏吧。我說好呀自己做來放吧。那一天吃了中飯就都跑上堤放風箏。孩子們糊的風箏很簡單，沒有什麼藝術，前面一片交叉綁住的竹篾上糊了白紙，後面飄兩根長長的紙帶子。我和孩子在堤上一溜小跑，居然也有幾隻放上天去了。孩子們好高興，我也好高興。用手遮住陽光仰頭朝天上望去，雲淡天青，白風箏沖頭沖腦晃晃悠悠地順著風飄搖。這地方好，四周圍又寬又廣，沒有什麼遮擋，連風箏在這兒都是自由的。

人不見得有這樣的自由，所以我終於離開了那個地方。今天，如果說我在那個工廠裏還是遇到過一點點值得回憶的美麗的東西，大約就是我教過的那些小孩子，然後就是堤邊的風景和趣事了。特別是在春天，那一道青青草色的大堤，堤邊的事很瑣碎，但是很溫暖，很親切，很美，記憶裏有一些小草和小花，大樹蘑菇和地菜，還有孩子和風箏。

城市風情

武昌老城戶部巷

武漢是一個老城，歷史久，記憶多，記憶多，故事也多。

故事，從你最熟悉的地方說起，從你出生的地方說起，從你生長的地方說起，從你生活的地方說起，從你和你的親人共度的地方說起……

冰淇淋舊時光

冰淇淋是一種絕對的西式甜品，傳入中國之後很受歡迎，特別是孩子和女人，牛奶雞蛋加上砂糖，攪拌出白汪汪糊嘟嘟濃濃稠稠的甜香，能夠將女人的心融融地膠住，我母親喜歡吃冰淇淋，於是我也愛。

抗戰時期的四川重慶，有過一段過眼雲煙的繁華，在教會女子學校念書的母親，每逢週末，便和二三學伴跑上大街，找一間街角的咖啡店，要一盒冰淇淋，一瓶蘇打水，幾塊小蛋糕。咖啡店裏的櫃檯上擺一架黃銅喇叭的留聲機，爵士樂在狹小的空間悠揚迴旋，女孩子們輕輕悄悄地細細碎碎地說笑……

走出四川來到武漢，母親丟掉了幾乎所有的代表著那一個時代的「奢侈」的生活習俗，從此堅守著半個世紀的洗盡鉛華之後的貧寒和節儉，唯有冰淇淋她丟不去。在和家人相依生活的那些年裏，雖然只有僅僅的那麼一兩次，雖然我的年齡還很小，但是仍然感覺得到她對這種甜品的喜好，一如她年輕時在重慶……

記得有一次和母親去了漢口中山大道邊的南洋大樓（武漢國民政府舊址），六十年代初在那幢高大的西式大樓的底層不知怎麼的開設了一間冷飲室。記得由母親領著，坐在一張小小的圓圓的餐桌前，老房子裏邊空空蕩蕩的一間大廳，很陰涼，光線黯淡在高高的穹形天棚上。

蛋圓形的一小團冰淇淋，奶白色，誘人地盛在透明的高腳淺口玻璃杯中，小心翼翼地用不銹鋼小匙一點一點地舀進嘴裏去，旁邊，汽水在瓶子裏咕嚕咕嚕地冒著一串串小小的氣泡，從瓶口插了一根嫩黃色的麥桿（當時沒有塑膠管，喝飲料以麥桿為吸管，這也是一種西俗）。一團粘糊糊濃稠稠的雞蛋牛奶的甜香直融進舌底，那是那時候的孩子們心中的第一等的美味。母親坐在小餐桌對面，那一天她一丁點也不老，南洋大樓的底層空蕩而陰涼，

漢口中山大道邊的南洋大樓

記憶中化為黑白老電影的某一個片斷……

此後，製作精緻的冰淇淋在這個城市絕跡了好多年，一旦上市又遭到絕對正宗的洋速食店的衝擊，炸雞、漢堡、薯條都可與冰激琳搭配，對於今天的人來說，也只不過是一種便當的平民化的俗世享受。

我和女兒常常去坐——六渡橋民眾樂園有兩家，江漢路步行街上有三家，漢陽「家樂福超市」樓上樓下各一家——尤其是盛夏酷暑，大功率空調機散出悠悠的冷氣，光亮的地磚，透明的落地玻璃，彩色的冰冷的鐵製餐桌和餐椅。冰淇淋在硬紙杯（或是塑膠杯）裏堆成一座小小的尖尖的奶白色的滋潤的雪山，山峰上澆上棕褐色的噴香的巧克力或者是鮮紅色甜得醉人的草莓糖汁……

一股熟悉的奶香甜香從悠遠的時空撲面朝我襲來，對面坐的不再是母親而是我的女兒。舀了一勺冰淇淋含進嘴裏，甜甜的粘稠冰冷地在舌底融化，當年的那一隻透明的高腳玻璃淺口冰淇淋杯而今不在……

旗袍美女

我的印象中，穿旗袍的女人應該是那種舊式的月份牌上的老上海的美女，彎彎的細眉下眼波如水，纖纖的十指上塗著猩猩紅的蔻丹。小時候用過「雙妹牌」花露水，兩個穿高領旗袍的燙髮妖俏女子在長頸子小玻璃瓶的五彩商標紙上相視抿嘴而笑。只有這樣的女人才配穿旗袍，只有這樣的女人才適合穿旗袍，她們生活在那個發黃老照片的時代，陪伴她們的是絲綢呢絨和狐狸皮，是留聲唱機裏靡靡旋轉的《夜來香》，白緞子座墊的黃包車和發亮的圓拱頂的黑色老轎車，大理石圓桌面上的麻將骨牌和鑼鼓喧天的戲院子，還有霓虹燈紅綠閃動的大街上飄蕩著音符跳躍的美國爵士樂……這樣的大背景，旗袍和女人真美。

當我長成，旗袍早已隨風飄逝，女人永遠兩截頭穿衣，藍布大褂和藍布寬腿褲，黑黃色健康的皮膚。一切都是簡單的一致的，女人隱蔽在這樣的外表下永遠只能是一個群體，一個和男人一般無二的群體。整個的那幾十年的時間裏，人們永遠都好像在集中起來進行著一場訓練，呆板而嚴整地隨時待命，準備著到某個地方去拚去殺去打一場大戰。

當街頭出現了第一件旗袍的時候，當第一個穿旗袍的女人在我們這個城市的街道上婀嫋婷婷地走，那一下子，一整個城市的居民的目光都凝聚在這一件旗袍之上了。人們的感官封閉了太久，他們驚異地發現原來身邊的女人居然能夠這麼優雅聘婷這麼玲瓏有致。第一個穿旗袍的女人走在中國城市街頭，像在戰後的廢墟瓦礫當中扯起了一面鮮豔的旗幟，風中獵獵驕傲地舞。光滑的錦緞，精美的刺繡，浮凸的盤扣，立領高開杈。傳統的華美包裹著一個欲掩又露的肉感美女，一個古典和現代完美結合的中國的自由女神像。她像精靈一樣地在二十世紀的風雲中出沒，她的出現和消失往往代表著一個時代的興起和沒落。

原以為我的一生將會與旗袍交錯而過，我想也許我只能永遠回過頭去遙望那發黃的三十年代歎息。當頭上飛起銀絲的時候，終於，我在大鏡子裏看到了我，一個穿旗袍的女人。鏡子裏弧光閃爍不定，女人的身影閃爍不定，灰色的旗袍紫色的旗袍黑色的旗袍從鏡子裏幽黯地浮出來，像我彎下腰俯身一口年深日久的老井。那是我麼？當旗袍包裹住女人

二十世紀三十年代洋行廣告畫

的一切鋒刃之後，女人才是美女。像一匹瀑布從肩頭從頷下流瀉，色彩的瀑布花朵的瀑布，柔韌如斯，柔媚如斯，於是女人回歸到她們的生命之源。鏡中的影像飄渺如仙，我知道那裏面是一個女人的夢，每一個女人幾乎都做過這個夢，霓裳美女的夢，夢中的女人都是穿著水晶鞋在王宮大廳中央舞蹈著的公主……在我的前半生連這樣的夢都不曾有過。

旗袍讓女人身心安寧，當風雨過去的時候，推開窗戶拿起一柄團扇，看晚霞返照著荷塘的水波，荷花嫣紅得瓣瓣欲裂。穿旗袍的女人靠著雕花的窗戶欄杆，閒閒的，幾聲蛙叫蟬鳴，不知道她此刻又在想些什麼？

良宵‧夜宵

宵夜，也叫吃夜宵，指一日三餐之外的晚間睡覺前的加餐，不太合符現代飲食健康學說，但是是中國民間流傳古老一種飲食習俗，武漢人特別喜歡，尤其是是老漢口人，更是一日離不得這睡前的一餐——和漢口商埠有關，城市居民不再如農村居民那般渡日——「日出而作、日入而息」——而是從黃昏直到深夜，滿街華燈輝映，滿樓歌舞管弦。

明清四大商業重鎮漢口，夜間活動自然是非常頻繁，男人的生意，以及男人和女人的玩樂，夜幕垂落之後漸入佳境，風輕月白，燈紅酒綠，紅男綠女，紙醉金迷，這樣的詞句，就是用來形容那一個時間、那一個地點、那一些人物、那一種作派，香豔懷舊的場面，今天，一一地重新來過。

任是哪樣的消遣都離不了吃，生意過後，玩樂過後，身陷浮華的漢口人，喜歡吃一點東西來壓壓胃，於是，宵夜生意應運而生。

譬如夏天，經典的宵夜是涼麵，蒜水和薑水和芝麻醬的香味從巷子的這一頭飄到另一頭。還有四川擔擔麵，蔡鍔路上一個四川人挑擔沿街叫賣，住那兒的在那兒做事的人都知道他。桂花赤豆湯，江浙人賣，一個老婆婆，拖長聲音，在勝利街先前的俄租界那一段，提著一隻小木桶蹣跚的走。冰糖蓮子羹，單洞門外，擔著火爐子，小碗裏現成地燉著。還有白綿糖豆腐腦。等等，總之，夏天的武漢人，比冬天還要好吃，天熱，睡不著覺，老是想著吃，或者在竹床上躺著，一覺熱得醒了爬起來找吃的。

在我的《漢口老里弄》裏寫過這樣一段：

> 麻將或是戲，散場之後，最不能缺的自然是「宵夜」，就是吃夜點心，漢口人稱「吃夜宵」，不吃便睡不著覺，通常的時間是夜間十時前後或是更晚。少有在家做著吃的，多是去外頭買了來家吃。無論冬夏，每天晚間上燈之後，拖腔長長的叫賣聲，從街邊一直傳入巷道深深的居戶。吃食攤子挑在肩上，一頭小煤爐子，一頭小木頭桌子，掛一盞洋油風燈，搖搖晃晃地沿街叫賣。桂花赤豆湯、糖水蓮子米、油炸藕圓子、桂花糖蒸糕、四川擔擔麵、原湯大餛飩。兩扇黑漆大門打開，站在巷子中間，朝巷子口喊一聲，吃食挑子忙不迭地趕過來，自家的金邊細瓷碗，盛好了端著，走過天井，端進玻璃隔扇門內的正客廳裏去——老漢口的夜很長很長。

說的是上世紀三四十年代的舊事。

六十年代，宵夜生意和宵夜習慣都蕭條了很久，原因盡人皆知，一日三頓都不能果腹，談何宵夜？等到舊夢重溫已經是二十年以後了。

上世紀七十年代，露天的排檔剛剛興起，但是還不敢「明火執仗」擺往街心，當時政策不讓，店家在門口擺幾張矮桌，瓦罐雞湯和原湯水餃之類吸眾多食客。

八十年代，夜宵生意重興繁榮，盛況輝煌，勝過三十年代老漢口——住家離吉慶街不遠，夏天的晚上，街面，露天，圍一隻方桌，冰鎮啤酒，涼拌毛豆，紅油小龍蝦，那一年武漢鴨脖子還未出世，幾個朋友，大說大笑，大吃大喝，沒有現在吹拉彈唱的藝人，感覺好得多，那天之後，再也懶得去。

時光美食

漢口中山大道兩側的老街，一九四九年後的餐飲業自然不能和二十世紀二、三十年代的老漢口黃金時代相比，但還算是有很多老招牌老字號的老店存留了下來，僅中山大道沿線就有：譚炎記水餃館、福慶和牛肉麵粉館、東來順回民館、蔡林記熱乾麵館、四季美湯包館、老通城豆皮館、五芳齋甜食館等。

另外，三民路清芬路口的老會賓酒樓，和六渡橋南洋煙草大樓對面的郭鎰泰酒樓都是正宗湖北風味。早已消失的郭鎰泰酒樓，當年的招牌菜是豆腐皮肉陷的荷包圓子。還有江漢路邊的廣東人開的冠生園酒樓，樓下乾果甜食，樓上粵式酒席，傳統糖食是魚皮花生米、果丹皮、廣式月餅，一樓店堂還買醬肉大包和芝麻糊。

這些老館子的店面選址都是有講究的，全部位於漢口市的中心區，全都是門臨通衢大道的商埠樓，車如流水馬如龍，行人如穿梭，從早到晚的熱鬧喧嘩。

二十一世紀初，有好幾家老店，不知是房屋拆遷還是其他原因消失了。仍然留在原處的老店，如四季美和冠生園，原來的老式樓房裏外翻新得不倫不類，臨街店面改為時裝店，餐廳和店鋪都被擠到二樓和三樓，早年間輝煌氣派的老店大堂再也看不到了。

江漢路花樓街口，曾經有家名叫「滋美」的老西點店，店面不大，環境幽雅，蛋糕製作聞名三鎮，還做很好吃包奶油的哈斗。幾年前，建「步行街」，擴大花樓街往江漢路的出入口，一百年歷史的老店就這麼被拆得絲毫不剩了。記得很小時，父親在這裏面買過尖錐式的蛋筒冰淇淋給我吃。現在人可能覺得不稀罕，要知道那是一九五八年的事啊！那時候吃上這樣精緻的西式甜點，能讓孩子的記憶永久。

與滋美相比，邦可就很幸運了，一九三〇年，俄國人邦可和揚格諾夫合開的一家西餐廳，店鋪所在的位置好，

漢口中山大道交通路口一段

鄱陽街街邊，巴公房子對面，聯排體商住樓中的一爿三層西式樓，樓下賣甜點樓上是西餐廳，最先是為了供應舊俄租界內的俄國僑民，揚格諾夫是個麵包師，自做俄式糕點，大列巴、油炸牛肉麵包、開麵點心等，也做西式菜肴。後來，名氣傳揚開去，不僅是外國僑民而且更多華埠市民前來光顧，當時人以來此店購賣麵包及糕點為市井時尚。

八十年過去，老店風貌依舊。曾經進裏邊去過，上二樓，房間內空很高，燈光幽暗，鋪著淡黃色柏布的小方桌的中央放著帶鋥亮金屬勾環的玻璃作料瓶，味道鮮美的牛扒和羅宋湯，地道的俄式口味。

漢口岳飛街，法租界時叫霞飛大將軍路，街口的美的食品店，早先是英國人柯三（Covsane）和克魯奇（craucher）合開的和利汽水廠（也叫和利冰廠），一九五二年併入美的食品公司。這家漂亮的法式老房子一直就是冷飲店兼食品店，店堂寬敞，擺幾張圓桌，冰琪琳是圓勺子挖出來用玻璃小碗盛著的，另外叫一份汽水和小蛋糕，武漢的盛夏，午後的時光，昏昏的，這麼坐著，桌子對面，是你曾經愛過的人——那樣一種舒適和悠閒的浪漫也許只能從法國電影裏才能看到。

魚

湖北，魚米之鄉。古語曰：「湖廣熟，天下足。」

我從來就不是一個高雅的不得了的人，所以，吃屬於我的人生組成的一個很重要的部分。生在水鄉澤國，魚和人之間的淵源還是很有一番說頭的。

在我兩三歲時，住在漢口江漢路一百四十四號的湖北日報宿舍，街對面就是江漢三路菜市場。那時候是建國初期，據說在吃的方面供應還算是豐富。聽祖母說自從我斷奶開始吃飯之後，老人每天過街去買鯽魚（喜頭魚）回來給我燒湯熬粥吃。一直到如今我的身體都很健康，看來還是得益於湖北地域的出產充裕。

後來幾年情況有些變了，中國人口逐年增多，社會上的物質供應漸漸地有些緊張起來，不過還算是過得去。到了三年經濟困難（一九六〇——一九六二）時期，真像是天一下子暗了，人們的頭頂罩上了陰雲。那年我十歲，正在長身體，突然什麼好吃的也吃不到了，還要餓肚子。想起來，我都害怕那種餓肚子的滋味。菜市場上再也看不到魚了，往常那一條條活蹦亂跳鱗片閃光的大魚小魚都不知跑到什麼地方去了？記得有一年的春節（大慨是一九六一年）憑票供應每家每戶幾斤冰凍魚。我和同一個宿舍（當時的循禮門湖北日報宿舍）住的小夥伴一道，跑到渣家路菜市場供應點，從晚上八點一直排隊站到深夜十二點，最後才買回來幾條硬梆梆的大冰魚。好不好吃就不記得了。記憶裏只留下那一個寒冷漆黑的冬夜，泥濘的小街，嘈雜的人聲和擁擠的人群，還有那一盞懸掛在魚案子上邊的昏黃的燈在寒冷的風中搖晃。

七十年代中期，貴陽的姨父來漢口，說：「湖北魚米之鄉啊，能在這兒吃點魚就好了。」我和我的先生在六渡橋附近的街巷轉了好幾個小時（當時國營菜場供應十分不足，私人買賣又遭禁止，所以有農村來的小販躲進了小街小巷）。黃昏降臨的時候，我們在大夾街的一個幽暗的街角終於尋著了一個挽籃子的魚販子。當天晚上餐桌上擺上了由母親燒的川味魚，姨父高興，我們全家也高興。記憶中那似乎是平生最美味的魚了。

今天就不用說了，山珍海味雞鴨魚肉，套一句廣告用語就是：「想吃就吃」，這真是不算一句誇張的話。孩子們的面前我很少談到過去時代的艱苦，免得她們嫌嘮叨。只要條件許可，我和我的先生都儘量滿足孩子的口腹，因為我們太懂得那種想吃又沒得吃的滋味。

花樓街口

花樓街實在是太老，記載了老漢口的歷史。石塊鋪的路面扯了潮，濕漉漉的，斜交叉著如竹編席上的花紋，凸凹不平地托著了行人的腳，踩著的是過去的歲月，一個多世紀中國的歲月，比這條老街要長得多。

花樓街街口，靠民生路的那一端，曾經開了一家牛肉館，因為開店年數長，店鋪的牛肉生意做得好，在方圓一帶很有些名氣。哪家老人哪天肚子餓了嘴巴饞了，兒孫一喚：「端碗牛雜碎，花樓街口的那家！」孩子們伶俐著，蹬上自行車就去了，一會兒就端回家來，還熱得燙嘴呢！牛雜碎用大鐵鍋當街煮，不論冬夏不論早晚，泥巴搭的大土爐子燒旺火，油湯沿著鍋邊翻泡沫，湯鍋裏大把乾辣椒紅燦燦地上下滾動，一條街滿溢著濃膩膩的香氣，勾得過路人止不住地往裏邊走。

進小店，揀一張桌子坐下，自然是先要一碗牛肉豆絲，這是店裏的特色風味，凡是逛了花樓街的人都知道。即便是在深夜，多數的店鋪關門閉戶，小店門口挑上一盞雪亮的燈，老遠的街的那一頭都有人趕過來，為的就是要吃上這一碗牛肉豆絲。

綠豆，還有大米，磨粉後鍋裏攤成皮，再切成條，湖北人叫做「豆絲」，鬆泡泡的，最能融進牛肉湯的汁水。一隻藍花粗瓷大碗滿滿地盛了，一雙白竹方筷子粗粗的帶了棱角，白木方桌上的光漆，四四方方的白光油亮的，湯湯水水吞下去，香鮮辛辣腸肚中化開又從毛孔中沁了出來，汗水浸在額頭，眉梢眼角慵慵懶懶地如醉酒一般，人也感覺到倦意來，索性多坐一坐……

恍恍惚惚的，熏黑的牆壁，搖搖晃晃的，熏黃的燈泡，迷迷離離的，一個熏熏的夢，夢中的老街老店皆消逝不見，感覺到一絲絲朦朦朧朧的眷戀……等到那眷戀也和老

漢口花樓街與交通路相交一段

街老店一道消逝，剩下來的，我不知道還有什麼。

花樓街鋪的長方形石塊早已於數年前被撬掉了，後來鋪設的是水泥路面。花樓街上的這一間小店也早不知搬到哪裏去了？

吃河蚶

早些年市場上買什麼都要計畫，第一就是吃的東西，肉和油連米都限制著購買，一個月一大家人也就只有那麼一點，吃不飽也餓不死，只不過弄得人嘴挺饞。六十年代的中後期，記得好象是過新年。那年我十七歲，有幾個很要好的朋友，照現在的說法是鐵哥兒們。那年月工人不上班學生不上學，整天這裏那裏看熱鬧擠場合瞎胡混。

幾個朋友一起經歷了一些小患難，我們自稱生死之交。到後來才知道這說法多幼稚，到後來才知道但凡是遇到風浪我們大家誰也別想管得了誰。不過那是後話。

反正是一個新年，大家邀著來我家吃飯。提前幾天對母親說了，至於具體安排全得看母親的了。現在想起來覺得當年很不懂事，只顧得自個高興，並不曾到體會家境的艱辛。

那天晚上，朋友們來了，圍住一張桌子有說有笑熱鬧得不得了。母親端上菜，都吸吸鼻子說：「好香哇！」端上來的是一大盆雪白殼的蚶子。湖北地帶河湖港汊如蛛網密佈，水產特別豐富。不知為什麼魚還是計畫供應，但是蚶子就不同了。那一年的冬天，菜場的攤子上蚶子真多，花不多的錢就能買回一大堆。擱在清水裏泡幾天，然後拿小刷子順著殼子的瓦楞縫仔細刷乾淨，吃的時候用一個大點的盆盛著，燒得開開的水往上面一澆，殼裂出小縫，掰開見肉，沾上調好的作料，滋味尤其鮮美。於是大家都不客套，盡著興地連吃蚶子帶喝酒，直吃得滿席生輝。邊吃邊誇母親的作料拌得地道，說：「如果沒這作料這蚶子就沒這味。」母親雖然不多吃，聽著心裏也高興。

好些年之後，上海人吃河蚶引起甲型肝炎大流行，弄得人們談蚶子而色變，於是再也沒有誰敢去吃了。心裏很奇怪：先前我們吃的那會，怎麼就好好的沒事？

那年一起吃蚶子的朋友，有一個工作分配去了海南島，有一個去了雲南，有一個住在漢口但是多年沒往來，還有一個在文革結束那年意外墜樓身亡，死的時候很年輕，他曾經是我最要好的朋友。如今提到吃蚶子也就想起了他們，人生真像一部上映過了的老電影。

武漢小吃

武漢小吃，也叫漢味小吃，樣數之多，味道之好，不由武漢人說了算，有外地遊客說：「吃過武漢小吃之後，別地方小吃不值一提」——「曾經滄海難為水」，就這感覺。

武漢三鎮地處中國東部中心，水陸碼頭，商貿往來。當年武昌、漢口、漢陽是中國內陸大商埠，南來北往的商人，東去西來的貨物，棉花、桐油、茶葉、生漆、木材、大米、蠶絲，內陸貿易和外洋貿易的在這裏轉口，漢江長江交匯處停滿商船，三教九流的人等千百張嘴等著吃飽喝足，吃喝玩樂都會適應華洋商家的需要，其中，吃是第一位。

出門人在外，生意人攜家帶口的不多，單身一個男人，從早到晚，一日三餐連帶宵夜，吃喝的問題怎麼解決？漢派餐飲業應運而生，滿街的小攤小販，沿河的餐館茶館，為什麼武漢的小吃如此豐富？其原因就在這裏。

年歲久了，五湖四海的商人在三鎮落腳定居，家口隨之而來。燒火弄灶的女人來了，為什麼滿街巷的攤點和館子不見減少？

漢口漢正街、武昌河街、漢陽西大街，商埠和居屋上下合一，家鄉來的老婆做好早點端上來，或者是麵條窩窩頭，或者是白粥鹹菜，做生意的男人嚐了一口，說：「不好吃。」荷包裏掏出錢來，說：「去街上端吧。」女人撇嘴道：「嘴巴吃刁了。」右手拿隻青花大瓷碗，左手拿隻竹箔箕，出大門就是早點攤，乾的清的煎的炸的蒸的煮的甜的鹹的香的辣的應有盡有，包羅了南方北方麵食米食天下各地的口味，更何況價廉物美，貧民也承受得起，何況小康富戶？

從此往後，在漢地居家的女人再也懶得起早床為家人做早餐，出門幾步，現成的美味買回家，桌上一擺，男人快活，孩子高興，自己輕鬆，何樂而不為？

除去過早，還有宵夜，三餐之外的夜點，我在其他文章裏寫到過，這也和繁華商貿重鎮的生活方式有關——從華燈初上到夜半闌珊，這一段時間對於當時人來說，是一天之中

武昌戶部巷新建漢味美食街

的黃金時段，邊娛樂休閒邊談生意做買賣，紙醉金迷，怡紅快綠，笙簫弦管，飛斛流觴，夜晚這一頓，大餐吃不進去，小吃正好，宵夜小點應運而生，生意做得繁盛異常。

有的早點也是夜點，例如豆皮和小罐雞湯，但是大多夜點自有特色，例如桂花赤豆湯、油炸臭乾子和炸藕圓、炸糍粑、清燉蓮子湯、四川擔擔麵、蒸米糕、原湯小餛飩、清湯米酒小湯圓和糊湯米酒等等。

炸藕圓和糊湯米酒是湖北特色。

湖泊多自然蓮藕多，蓮藕多自然蓮藕的吃食多，這是全中國哪一個地方都沒得比的，古雲夢澤啊，哪裡有去？一段白藕洗淨切開垛碎成末，一定要剁得很細很細，加糯米漿加蔥薑胡椒等作料，攪拌成茸，捏成圓團，放油鍋一炸就成，有的說還得加進一些五花肉末，不過我小時候吃的是純素的那種。夜間街邊，爐子上架一油鍋，上面罩鐵網，小販點盞半昏昧的燈街邊站著，最早大約是煤油燈，後來改成電磁燈，等你買來吃的時候現炸。看著藕圓在鍋中翻滾（據說油溫不可過高），先是乳白色後是金黃色最後成琥珀色，外層酥香，內裏脆嫩，夾雜很濃的薑蔥味，非常爽口。

武漢人有句損人的話：「糊米酒！」糊塗傻瓜的意思，取其諧音。

糊湯米酒產地湖北孝感，武漢周邊縣城，武漢市居民祖籍孝感的很多，孝感米酒做得好，酒香濃郁，甜味綿長，米酒軟糯，加清水煮開，糯米漿團搓條入鍋，煮沸加調稀的糯米漿，最後加進咸寧產的糖桂花，就成了。一碗端上來，白汪汪的，濃稠稠的，暗紅色的桂花糖散落其間，酒香桂花香糯米香，幾行的香氣直沖鼻子，含在嘴中，軟軟的甜甜的粘粘的，濃香軟糯沾滿舌頭。

晚清至民國，漢口是中國第一二等風流富貴之鄉，戲劇業發達，餐飲業發達，戲劇這裏就不說了，只談美食，聚天下豪客聚天下財氣當然得聚天下美食，要不然，吃的喝的，光只你湖北人喜歡外來人不喜歡那你就砸了，五方雜處四海交匯之地，東西南北的口味才能夠留住東西南北的經商人。

外邦小吃時興於漢口五國租界區和模範區（華商建築區），因為那一帶高檔住宅多，外洋人多外省人多，尤其是江浙人，寧波幫，黎黃陂路到車站路，老漢口法租界地面，成片街區吳儂軟語。每到夜晚，桂花赤豆湯、四川擔擔麵、上海小餛飩，長街短巷挑擔遊走，拉長了聲氣方言叫買，拿碗出門叫住擔子，盛上一碗端回家去吃，這就叫「宵夜」。

江漢路以上（長江上游），從六渡橋到礄口，湖北人多，湖南人多，河南人也不少——友誼南路晴川橋下漢江邊屬湖南人地盤，寶慶街、寶慶巷、寶慶碼頭；銅人像（三民路孫中山銅像）至長江邊是回民居住區，湖北回民多遷移自河南。除外，另有安徽邦及山西邦；湖北本土人想當然的多，黃陂、孝感、漢陽、漢川、天門、沔陽——口味重，食量也大，不懼濃湯重油，湖南米粉館和清真牛羊肉館還有譚炎記原湯水餃館都在這一城區。

老店老小吃

湖南米粉館名叫福慶和，位於中山大道中段，正牌的六渡橋地面，原六渡橋百貨商場的緊隔壁，上世紀中後期曾經是漢口數一的黃金地盤，終日車水馬龍人流擁擠，社會主義繁榮，當時可見一斑。

這店的牛肉米粉馳名三鎮，正宗湖南口味，原料地道，做工好，價真貨實，不論遠近的人過江過河前來品嚐，在那個供應緊張的年代，美味餐館屈指可數，哪裡像今天，三鎮的美食館子，你想吃吃不過來。

六渡橋地段住了整整三十年，二十歲到五十歲，福慶和離家太近，即使不貪嘴也免不了跑進去吃，平民飲食，價格不貴，一般的人也還吃得起。

米粉分為寬粉和細粉兩種，寬粉是米漿攤皮切成一指寬窄，細粉是機器壓出來的圓筒細長條，頭天在水裏泡軟第二天抓出來下鍋。麵條是北方常見的那種寬麵條，很長很筋道的那種，不是曬出來的乾麵條。豆絲是地道的湖北特產，米和綠豆混合的一種食品，純手工製作，工藝要求講究，小炭火爐架小鐵鍋，倒油，油滾後下豆米漿，兩面翻，攤成薄薄一張圓片，起鍋晾乾，一張張摞著，需要時切成一指頭寬的長條，這就是豆絲，其實並不是纖細如絲。

重要的是澆頭，也就是梢子：牛肉、牛雜和三鮮。上好黃牛肉（牛後腿肉）鹵好切成兩指寬的片，加薑、蒜、湖南紅辣椒油爆，然後加高湯料酒燜汁；牛雜的作法相同。粉、麵、豆絲先在大鍋開水中燙熟燙熱，然後澆上澆頭，滿滿一大碗，碗面上紅油蕩漾，端手裏辣香撲鼻，香噴噴辣呵呵，吃一口滿頭大汗，冬天吃最好，解饞又抗寒。吃不慣辣味的吃三鮮：冬菇、鮮筍、肉圓子或是瘦肉片，還有黃花菜和小香蔥，湯色濃白，口感鮮美。

前幾十年，福慶和生意之好令今天人難以想像。從來沒有空位子讓你進門就坐，經常的情況是，先去的人圍桌子端碗猛吃，後去的人在正吃的人背後圍一道人牆站著，人家吃完扔下碗筷剛站起身子，背後的人搶上前去猛的一屁股坐下，站起來的人給撞個趔趄；座位有人把住，同來食伴排長隊從店堂和廚房相隔的小窗端來粉和麵，接下來抓起筷子端起碗埋頭狼吞虎嚥，速度快得差點噎住，彷彿趕去救火，因為慢了不行，緊貼著背的一那大圈人正從你腦袋頂居高臨下盯著你碗中的吃食虎狼一般。

艱難的歲月哪裡顧得最起碼的禮儀？人要臉肚子不要臉，管仲說：「倉廩足而百姓知廉恥」，就是這意思。

今天，六渡橋福慶和的店堂沒了，當年的繁盛悲涼化作一縷雲煙。

四季美餐館的冬菇湯包和蟹黃湯包，江浙口味融合湖北口味。湯包原本是江浙口味，近代由江浙人傳入武漢，在漢口中山大道和江漢路十字路口開店營業，人稱湯包大王，皮薄餡厚，香菇肉餡和蟹黃餡，小小竹蒸籠裏邊墊著一層褐色的松針，雪白起皺折花的湯包軟軟地伏著，筷子夾一隻放進擺著薑絲的小醋碟裏，咬一口肉湯朝外一噴，鮮香無與倫比。一九四九年後，保留了老店的名號和老店的經營產品，經營方式傳承下來沒有?不知道。

前數十年，武漢人引以為傲的餐飲經歷就是上四季美吃了一回湯包，吃一回，管十年，老了死了沒遺憾。後來幾年（改革開放後吧），進到裏邊，湯包吃進嘴裏，遠沒有沒吃著時的那般蔓妙的想像，感覺很遺憾。所以人們說：「國營店越做越差。」也不知是不是這原因，或許是今天人好吃的東西吃得太多了?

網上看一微博，說礄口某街某號某小店的湯包好吃得不行!不知是也不是?

前年（二〇〇九年）這塊地面建地鐵站，四季美湯包館被拆毀，聽說今後還會以某種方式回歸。屆時，別湯包館回歸，湯包老味道還是不回歸，那樣不如不歸。

先以為，凡是麵食就一定是北方人的食物，這裏的北方指湖北以北，後來才知道不一定，湖北人也會做麵食，例如我老家（祖籍），湖北天門產棉區，不出稻米出小麥和大麥，當地人做的麥麵饅頭菜盤大小碗厚，不叫饅頭叫「粑子」，水餃也做得特別好吃，薄皮肉餡小小個，和餃子湯一起盛進碗裏，加上各種作料，湯鮮餃子鮮，連湯帶水一起吃下肚，屬南方水餃的一種。

水餃，也稱餛飩，全中國都有，武漢人當然認為譚炎記的水餃最好吃。不是某一時期感到好吃另一時期感到不怎麼好吃，而是數十年來，每一次吃都會感覺好吃，可見其堅韌不拔的品質，有句套話是「做好事不難，難的是一輩子做好事。」

譚炎記位於漢口中山大道利濟路口，從店名上看就知道原來是家私營小食店，後來經營權轉換，老店名留下，老生意留下，往後延續半世紀，一飽艱難歲月中武漢人的口腹之慾。

譚炎記的水餃和別的城市的水餃有哪些不同？

個大，皮薄，餡厚。

上好的新鮮豬腿肉，剁碎成餡，作料生粉拌勻，白麵擀皮如紙薄，包出的水餃一個個大小均勻，比北方的肉餃略小，比南方的餛飩略大，手指握攏，空心拳那般大小，裏邊全是肉陷。

肉骨頭熬一整夜，大鍋湯又濃又白，北方人稱為高湯，湖北人叫做原湯。

水餃在清水中煮熟，大瓷碗裏擺上乾蝦米、鹹辣蘿蔔丁、薑末、鹽、胡椒、味精，盛一勺骨頭肉湯進碗，然後把煮熟的水餃放進碗裏，灑上蔥花就成了。

製做方法和原材料都講到了，好吃如何就不用廢話了。

譚炎記老店搬遷了，後來武漢三鎮跑出來多家譚炎記，據說都是連鎖店，一樣的招牌，一樣的生意。

我們拍照的這家，在漢口利濟北路，此前進去吃過多次，老店風味保存完好。

此外還有五芳齋餐館的黑芝麻湯圓和黃鬆糕，下江（江浙）口味；老通城餐館的三鮮豆皮和瓦罐雞湯，湖北口味；芙蓉餐館的酸辣麵和酸辣抄手（餛飩），四川口味；德華酒樓的肉絲炒麵和肉炒年糕，京津口味。

小桃園煨湯館位於漢口蘭陵路和勝利街十字路口，那一片地屬俄租界，舊時名為筱陶袁煨湯館，兩位創業者的姓組合成店名，「筱」是「小」的諧音，改成現在這個名字大約在上世紀末吧。

煨湯，北方叫熬湯，南方沿海一帶叫煲湯，湖北湖南江西等省叫做「煨」，動詞。

湖北人特別喜歡喝湯，不是番茄雞蛋或是粉條白菜那種清淡口味的，而是肉骨頭、牛肉、雞鴨熬出來的濃湯。豬排骨加蓮藕煨湯是武漢人的最愛，菜場和超市排骨價錢最貴。排骨就是豬肋條，帶著厚厚的一層肉。湖北蓮藕之鄉，和外地蓮藕不一樣，江浙蓮藕脆，湖北蓮藕粉，尤其是冬天，天越冷藕越粉，生藕白汪汪的胖嘟嘟的，一扁擔長短，放瓦罐沙吊裏和排骨一起幾個鐘頭煨熟，蓮藕的清香和排骨的鮮香攪和在一起，煨熟的藕塊淡淡的粉紅色，咬一口又粉又甜。供應困難時期逢年節才喝，如今幾時想喝幾時喝。有人喝湯光吃藕不吃肉，說排骨是「澆頭」，排骨湯稱為「藕湯」，可見湖北蓮藕的魅力。這裏說的不是「小吃」，是武漢人餐桌上的「大菜」。湖北武漢，湯被認為是最有滋養的補品，吃肉不如喝湯，藥補不如食補，煨湯的習俗就是這麼形成的。

回到主題，小桃園陶袁二老闆當年開這個館子是瞄準了湖北人喝湯的習慣，並不想做成一家大飯館，中午晚間正式就餐的那種，而是做成了這樣一家風格獨具的小吃館，從早到晚不間斷營業，食客隨時都能推門進來，店裏隨時有香香濃濃的瓦罐湯在熱爐子上等候。

瓦罐雞湯是這家店的主打。褐色或灰黑色瓦罐，小口圓肚帶把的那種，和熬中藥的小罐子一個樣，一樣大小，大爐子沿圈一隻挨一隻放著，每隻罐子口露出一隻倒插的雞腿，以示貨真價實。除雞湯外就是排骨藕湯，還有鴿子湯、甲魚湯、烏龜湯，烏龜湯也叫八卦湯，據說最有滋補功效。

小點心是蔥油餅，平底鍋油煎，兩面焦黃，內面千層，蔥末和肉末揉進麵裏，從外到裏被油煎透，酥脆酥脆，蔥花的香味特別濃，喝一口雞湯或是藕湯咬一小口餅，別提那滋味了。

小時候住合作路和勝利街的十字路口，與小桃園相距幾百米，這家老店，熟得不能再熟，近幾十年來在那條街上經過，發現它門面不斷的在變，改換招牌，翻新店堂，對我來說無所謂，管你怎麼折騰，湯煨得好是第一位的，假若哪天連湯都變沒了，老食客也許就不會來了。

自從三鎮街頭有了煨湯館和煨湯小攤點之後，家庭大餐變成了街頭小吃，這也算是武漢人飲食文化傳統的一個演變。

山川變換，物是人非，今天，漢口中山大道沿線的美食老店剩下五芳齋一家堅持營業，其他的，因為這樣或那樣的原因消失不見。

近日報載：一大批漢味老店即將復業，有的回返翻新後的舊址，有的將會在新建商區開業，云云。

這個信息令武漢人興奮。

過早

三餐中，武漢人講究過早，就是吃早點、吃早餐。過早的時間拉得很長，從清早太陽還沒冒頭，直到日頭當頂，精確到時間是上午六點到中午十二點，隨時隨地都有人過早，不是在家做而是在路邊攤上賣，從小我就不在家吃早點，武漢人沒有在家做早點的習慣。三鎮路邊攤生意非常發達，三步五步就有一攤，白煙繚繞，香氣四溢，以我住過的城區而論，幾乎是沒有哪一條街邊沒擺攤子，寧可交通雍塞道路油膩，賣過早的攤子不可以少。

當然，這說的是城管制度出臺之前的事，現在擺攤不是那麼容易了，路邊擺倒是沒少，只是常常被攆得雞飛狗跳牆，跟舊時代躲兵亂似的。

每天早上，如果你起床早，站大街邊上看看：滿大街的早點攤，滿大街的人來往，滿大街的買早點的人，滿大街的邊走邊吃的人——獨具一格的市井風俗圖，別的城市沒有。

從小到大，我們都這麼過早，攤子上買了，趕去上學上班或做其他事，誰有閒工坐下來慢慢吃？何況多數早點小攤並不給人準備桌椅板凳，不邊走邊吃也不行呀！

武漢人的能耐是，不光是點心類食品，諸如米粑、麵窩等，拿了在大街上和公車上吃，連碗裝食品如熱乾麵、牛肉米粉也能端在手裏橫行街巷和公交工具，一隻手端碗一隻手拿筷，一邊走路一邊埋頭朝口裏扒拉，吞咽速度飛快，三下五去二，一碗麵下肚，修養好的方便碗筷扔街邊垃圾筒，修養差的隨手一扔，前幾年公交上丟棄碗筷，有的還是人家店裏的瓷碗，近三年來這現象整頓徹底，隨手扔垃圾的沒有，邊走邊吃的人依然如故，只是再不許他們端一碗早點登公交。

先前，我不以為意，從小到大的城風民俗，自己如此，以為天下

漢口街頭早點店

人如此，後來跑去別的城市，我等一行拿小吃在街頭堂而皇之，走也匆匆，吃也匆匆，偶爾抬頭四顧，四周無人類似，反倒是覺得人家奇怪。

推測這樣的民風一定和商埠有關，也就是人們常說的「碼頭文化」。當年漢口，天下第一等商業碼頭，轉口貿易貨棧，每天從早到晚，進港的船隻，出港的貨物，商人談生意，工人抗碼頭，船員掌船，碼頭上上上下下，街巷中來來往往，繁忙，繁忙，事多人才忙，特別是早晨，百事開端，一刻千金，誰有閒心慢慢悠悠吃早餐？就這樣，武漢人過早，邊走邊吃，成為習慣，成為市風民俗，家門口吃，小巷子吃，大街邊吃，碼頭上吃，吃喝行走一陣風，肚子吃飽了，要去的某個地方也就趕到了，一切打點妥當，然後，一條心做該做的事！

民風傳承，從古至今。

早點品類數之不盡，揀幾樣大眾化的來說：

熱乾麵、熱乾粉、熱乾豆絲、牛肉麵、牛雜麵、牛肉米粉、牛肉豆絲，糊湯米粉，米粑、麵窩、油條、發糕、油香、炸糍粑，豆皮、生煎小包、燒賣（燒梅），小湯圓米酒、雞蛋清米酒、糊湯米酒、豆漿、豆腐腦甜的和鹹的……

江漢平原原本就是大糧倉，盛產米和麵和豆子，豆絲是綠豆加米磨成漿攤皮切絲而成，這種大米和綠豆混合食物，之中綠豆的份量若是少了，做出來的豆絲口感差很多，因綠豆比米貴，有人投機取巧，老漢口人嚐得到味道，哄他們不過。

牛肉粉麵是清真口味，回民口味，漢口牛肉麵館的生意最先都有回民經營，六渡橋三民路有回民聚集區，還有一座清真寺，我曾去裏邊拜訪過阿訇。那一帶滿街都是鹵牛肉的香味。所以，漢口福慶和的牛肉麵和牛肉米粉好吃程度可和西北回民地區有得一比。

便宜很重要，對於荷包不鼓的中國平民來說。怎麼個便宜法呢？當然只能是和他地作比較。

數十年，我走了南北東西好多個城市，各地小吃都有特色，比較來說，武漢小吃的價格在同級城市中是最低的，譬如上世紀末我走過的北京、青島、福州、廈門、貴陽、昆明、西安等城市吧，譬如說吧，外地吃一碗餛飩的錢在我們武漢可以吃三碗，尤其是很窮很窮的當年，旅遊途中又累又餓，吃起來捨不錢又吃不飽肚子，萬分想念漢口的早點攤，平時老說自己生長的城市如何如何的不好，逢此饑餓僚倒之時，這樣的想法化為灰燼，人行千萬里，還是家鄉好！

具體做法是：圓筒狀的麵條下到燒開水的大鍋中，長而粗的竹筷子抄麵條斷生，撈起來瀝乾水，放在一大張木案板上，淋上香油拌勻，鋪開放涼待用。

攤涼晾乾的麵條抓上一把，放進一隻長柄尖底圓口竹編小簍，爐子上大鐵鍋燒開滿滿一鍋水（也有用大號鋁製鍋的），左手托一隻藍邊粗瓷碗，右手竹抓籬放入滾水中，顛簸數下麵條燙熱燙熟，瀝乾水裝入左手托著的那隻碗，右手隨即扔下竹瀝簍拿起一隻長柄湯匙，面前木案板上順次一溜粗陶敞口罐，芝麻醬、鹽、醬油、鹹辣蘿蔔丁、薑末、蔥末、油辣椒，胡椒、味精、白糖等等，所有的這些作料統統淋在麵條上之後，望去如聖誕樹般的色彩鮮豔，麵碗遞到食者手中，剩下你要做的事，筷子將作料和麵條拌勻，然後痛快淋漓地享受美食。

吃進口中的感覺，芝麻醬的濃香和麵條本身帶一點鹹味的香氣混合在一起，麵條特別韌，十足筋道，時不時嚼到細碎的鹹蘿蔔丁，極強的質感和鮮香的口感，可以令人此身難忘。

熱乾麵做得最好的館子是蔡林記，從我記事起它就在漢口中山大道水塔正對面，今天的佳麗廣場靠近民生路的那個地段，舊時的生成南里臨街商住樓底層。兩間門面房的寬度，外間擺幾張四方木桌和長條凳，裡間設爐灶案台，隔牆上挖小圓窗，進店門內側買餐券，然後遞進小窗內端麵出來。上世紀中後期中國的餐飲業發展有限，蔡林記每天人滿為患，曾經和一位胡姓女友一人端一碗噴噴香的熱麵條，站在人頭攢動的店堂當中，大口大口地往肚裏咽，讓我記住那一個貧窮粗糙的歲月。

油炸麵窩

麵窩是武漢特產，外省市沒有。

麵窩不是麵食，是大米和黃豆混合製成。

黃豆和大米泡濕磨成粘稠的白漿，放入鹽、薑末和蔥花攪拌，鐵鍋盛油燒熱，一隻特製的黑鐵長勺，中間凸起如小山，圓圈凹下如月球上的環形山，左手舀一勺米漿，右手拿一隻勺子將左手長鐵勺內中心凸起處的米漿撥出一個孔，下油鍋炸熟，撈起來，四周邊沿柔軟中空，中間有孔的扁圓形中間焦脆，筷子長短的一根竹簽穿著，穿街過巷，走一路吃一路，滿嘴咸香綿軟焦脆，口齒留香，滋味無窮。

假若香脆感不足，一定是原材料比例不對，黃豆給少了大米給多了，因為黃豆比米貴。

在武漢，雞蛋花伏汁酒和油炸麵窩是過早的絕配！

武漢的麵窩和北方的油條大餅一樣，屬街邊小吃，不像熱乾麵和豆皮，既有街邊小攤，又有專屬它們的店鋪，也就是館子，要吃最正宗的熱乾麵或是豆皮就一定得上老字號餐館，要吃炸得最香的麵窩你得憑自己的好吃佬的經驗，不過，一般情況下，武漢人會在住家周邊尋找好吃的小吃，離家越近的小攤吃起來也就越方便，因為百分之八九十的人都是在外邊過早。

早點在武漢市屬巨大的飲食業，每一條街巷都可以尋找到賣早點的小吃攤，把女人從爐灶邊解放出來比中國其他城市先行一大步，百十年前，當北京女人清早燒灶下麵條，上海女人清早打開煤氣爐煮昨晚的剩飯，武漢女人則端一隻大碗昂首闊步出大門上街，這時假如有外地客人問：「大清早兒的，您上哪兒去啊？」只聽得三個字擲地有聲：「買過早！」

豆皮

豆皮也是武漢的特色美食。顧名思義，豆皮和豆子有關。

具體做法是：綠豆和大米按一定的比例摻和，浸泡數小時後磨漿待用。爐內旺火，一口大鐵鍋，鍋熱倒油，油熱後舀米漿進鍋用薄薄小鐵鏟勻開成一張薄薄的大圓片。

下一道工序好看又好玩，拿幾隻雞蛋先後敲碎殼，蛋黃蛋清倒在這張大大的圓形米漿片上，白底子上襯托出幾枚橢圓的金黃，色澤十分誘人，依然用小鐵鏟雞蛋均勻抹開，然後翻面在熱油熱鍋中炸成非常好看的油亮亮的金黃色。

第三道工序先已備齊好原料：蒸熟的糯米、煮熟的乾香菇切丁、炒熟的豬肉丁、鹵熟的乾子丁、薑末等，按一定比例放進米漿片上，是進鍋前混合還是混合了進鍋我就記不太清了，總之一切好吃的東西放進到這裏來，小鍋鏟把它們均勻鋪開好，撒上胡椒、味精、鹽、大把蔥花，香氣朝大鍋邊沿外的四面八方散播開去，之後，拿小鐵鏟將鍋中有色有香的美食四邊鏟起往中間這麼一包，剎那間，大圓形變成了四方形，最後來一個大翻面，然後再淋上一勺油，淋上一勺水，扣上木頭大鍋蓋，燜那麼兩分鐘，鍋蓋一揭白氣一騰香氣一噴，一大鍋金黃燦爛的豆皮便做好了，小鐵鏟橫橫豎豎地格子狀劃開，每一盤豆皮基本就這樣的兩個小方塊，找一張木桌拿一雙竹筷，大快朵頤的時刻到了。

老武漢人稱做豆皮為攤豆皮，和北方攤煎餅一個意思，「攤」這個工序所用的廚具，早年間根本就不使鐵鏟，老輩人認為鐵器使用奪了食材的原汁原味，而是一枚貝殼。

江城也是湖區，水多水產品也多，魚蝦之類直接入口的就不說了，荷葉和貝殼也參入到飲食行業中來，荷葉做包裝紙，貝殼做廚具。

例如攤豆皮不可或缺的這片貝殼也不是我們平時菜攤上常見的那種黑乎乎的蚌，那樣會影響人的食慾，而是一種輕薄銀白色和粉紅色相間的一種蚌，具體是哪一種貝類我就不知道了，總之很好看很乾淨的那種，宛如一件藝術品，邊沿鋒利可以如鐵器劃開食品，表面光滑可以輕重有度地行動在鐵鍋之中，站在鍋邊等候豆皮由生到熟的一段時間其實是在欣賞做豆皮師傅的廚藝表演，幕落之時另一齣好戲開演，接下來上場的是吃豆皮的你。

豆皮大王老通城顧名思義當然是豆皮做的最好一家餐館，漢口中山大道大智路口是主店，漢口解放公園路是分店，和中國無數家老字號店鋪一樣，都是先有了多少年的好名氣然後公私合營保留了店鋪的名號。

去老通城吃豆皮搭配瓦罐雞湯，小小一隻褐色陶館，母雞放進去加香料在爐上小火煨熟，吃的時候，一罐雞湯加一碟豆皮，清的乾的葷的素的混搭。如今大智路老通城拆掉了，幾時重新開業還不知道。解放公園路那家也是當年領袖去吃過的那家，好像早改成飯菜館。

教我吃豆皮的人是我的父親，武漢過早，豆皮是他的最愛，最深刻的記憶在我六歲那年，讀一所破寺廟改建的小學，校舍什麼的簡陋之極。一天，冬天吧，起晚了來不及吃早點就背著書包往學校跑。課間休息，同學喚我說：「胡榴明，你爸爸給你送過早的來了！」

父親在教室外木結構廳堂的木板牆邊站著，手裏捏著一隻白色的信封，遞到我的手心感覺熱呼呼軟綿綿的一團，打開一看，裏邊裝著兩小塊又香又熱的豆皮。

吃豆皮的口感不記得了，但是記得父親那天的樣子，藍色的四個口袋的幹部服，八角有沿呢帽，黃黃的皮膚，直直的鼻粱，帽沿下的眼鏡，表情很嚴肅，那幾年他很少笑容，只能從很具體的行動上來猜測他對家人的慈愛。

願他在天國安息。

米粑

米粑，武漢人叫粑粑，純大米食品，大米磨漿加白糖加酵母，有種特別的香味，帶點酸帶點甜的米香刺激你的嗅覺，視覺效果也很好，圓圓肥肥的兩片，外邊焦黃發脆，裏邊白白軟軟，吃到嘴裏，軟綿綿的酸甜甜的，不油不膩，香、鬆、軟、脆，口感沒得說。

看似簡單的食品，也有獨特的製做方法。一隻大鐵灶，開口要大，一隻大鐵鍋，特製成的，中間凹下去燒餅大的一個圓形，四圍一圈平底邊沿。

爐火用刨皮，北方人稱刨花，刨木頭的木屑，維持爐火的溫度，不溫不火。柴棍不行，燒起來火大，做不出外焦內嫩的米粑。不知道頭幾年賣米粑的小販從哪裡弄到的刨花，滿足一年四季一天不缺的生意需要。

灶下刨花燃著，鐵鍋中央凹坑裏放上一勺水，一隻長柄鐵勺，舀起備好的米漿，繞著鍋圈順次澆出一個個圓形的米漿餅，然後蓋上木頭大鍋蓋，沿鍋蓋邊緣拿長長一條粗棉布巾塞緊，不讓水氣從鍋蓋縫裏往外跑，水氣跑不出去，鍋裏的粑粑才能有潤濕的口感，這時灶下加火，將米粑貼鍋的部分烤得焦香褐黃，外焦裏嫩就是這麼來的。

最令人歡欣鼓舞的時刻就是鍋蓋揭起來的那一時刻，熱呼呼潮潤潤的乳白色的蒸氣沖上來遮住對面人的臉，香甜的氣味沖進鼻子裏去，一會兒，白氣散開，眾人的目光盯緊大鐵鍋，十幾隻圓圓的米粑攤著白汪汪胖呼呼的肚皮，拿小鐵鏟兩隻兩隻面對面一合，焦黃那一面朝外，軟白那一面朝裏，一隻米粑粑就這麼做成了。

當年賣米粑的挑子滿大街都是，武漢人吃粑粑過早，相當於北方人早間吃燒餅，甜香綿軟，尤其適合老幼婦孺的口味，全民普及的程度和熱乾麵同等。

如今，米粑攤子還是有，比我們年輕那時要少許多，限制了擺攤的地方，背靜的小街巷和菜市場才有，不燒刨花了，刨花都做纖維板去了，再說煙薰火燎的污染環境，現在都使煤氣罐了，火力大小能控制。

老人說：「煤氣罎子炕出來的那叫個麼事粑粑？要的就是刨花灶溫溫火炕出來的那個香味唉。」

說歸說，聽歸聽，時代變了，什麼都變，想不變還不行，雖說刨花冒得了（沒有了），只要米耙還在。

上世紀末，祖母病重，我接她來在我的臨時租住屋住了半個月，病剛好她很想吃街上賣的小點，最愛白糖豆腐腦和米耙耙，拿天門（湖北省天門市）話形容道：「甜抿（平聲）了！」

祖母隨父母長年住機關大院，大院人一般不作興上街買早點，所以，那一段日子，我盡力滿足她老人家的這點兒「嗜好」，為此多天早起，這很不符合我的懶覺習慣。多年之後，街頭偶見或是米耙攤子或是豆腐腦挑子，想起那句一向不屑的中國古話：「子欲養而親不待也……」

糊湯米粉

武漢特色小吃，也是湖北特色小吃，充滿魚米之鄉的特點，地域性特別強。

當年，武漢三鎮河湖眾多，每天打上來的魚蝦不少，尤其是小魚小蝦，菜市場沒賣完，堆在那兒不知如何是好？早年間沒冰箱沒冰櫃更沒冰庫，扔了可惜，送人捨不得，留到第二天就攔了臭了，怎麼辦？

有人想到拿它做成早點。

具體做法大略如此：

小魚蝦加水熬爛成湯，撇去魚蝦渣子，留下粘稠如米湯的濃湯。爐子上另外架鍋燒水，米粉絲下鍋裏抄一下撈出來放進碗裏，舀一大勺濃湯澆在面，然後灑鹽、胡椒、薑末、味精，最後是蔥花，記住不給醬油，白湯白米粉攪拌均勻，原汁原色原味，撲面而來的鮮蝦味和胡椒生薑味裹在一起，吃進口裏香辣鮮三味俱全，濃郁厚重的口感，非常適合生意繁忙的商人和出力流汗的勞工的飲食需要，越忙越累的人口味越重，從古到今都是。

雖說糊湯米粉屬漢地特色小吃，但是我從小到大的那幾十年間內很少看到，這一點上，它似乎不如熱乾麵那麼全民普及，直到上世紀末才在武漢街頭發現蹤影，近幾年駐足武昌戶部巷，有了一大批年輕人成為擁躉，這是怎麼回事呢？

我的推測：一、相對來說做法比較複雜，街上小販嫌麻煩，又沒有一所如四季美、老通城那樣的餐館留下來（據說早年間曾經有過，後來各種原因垮掉了）；二、自上世紀六十年代初到九十年代初，中國人吃的東西很困難，魚蝦熬湯然後丟棄這類的廚藝製作要求是不可能辦到的。

所以，糊湯粉只能在吃得飽肚子的年月才有，災難年間你想吃也吃不到。

很多年前我在工廠做工，一個工人師傅不斷地對我提到已經絕跡於當時的武漢三鎮的這樣早點，說：她家幾代糊湯粉生意，每天晚上熬湯第二天一大早燒爐子賣過早，詳細講述糊湯粉製作的全過程，說這種米粉是如何如何的好吃等等，充滿了對糊湯米粉的懷念之情。那時的我年輕不懂事，心想，不就個早點嗎？又不是什麼好了不得的東西，有什麼好回味無窮的？

上世紀末才吃到了重現漢口街頭的糊湯米粉，一句話的感歎：「怪不得！」

燒梅

燒梅是湖北人的叫法，外省市叫燒賣和燒麥。

燒梅也算是湖北特色小吃，傳說蘇東坡在黃州時創造的一款小吃，總之後來傳遍四方，製作手法各個不同，味道也各異，有甜的有鹹的，近代人熟悉的是面皮肉餡的鹹味燒梅。

漢味燒梅的特點是香菇糯米肉餡，五花肉茸和蒸得熟爛的糯米加上蔥薑胡椒攪拌在一起，面皮擀薄，大勺餡子包進去，面皮四下圍攏，中央捏出多層皺折，不能像包子那樣把口收緊，而是頂上留一小圓孔，上籠猛火蒸熟，一籠數個如白色的梅花盛開，面皮皺折處如紙薄，糯米肉餡湧出在外，濃香熏鼻，口齒生津，肉的鮮香和糯米綿滑和濃濃的胡椒生薑咀嚼在一起，非常充實的味覺享受。

不知外省燒賣的口味，湖北人吃燒梅講究一個油大味重，也許是數十年前中國人生活實在清苦，肚裏無油，口裏無味，什麼樣的吃食都巴不得肉越多越好油越重越好，和今天瘦身健康飲食背道而馳。能說那時候人什麼呢？餓你一星期試試，看誰還健康飲食？

所以，武漢的早點攤子有一個特別的標識，白紙糊的一塊牌子，上寫四個黑墨大字：「重油燒梅」！誘惑寡油少肉的我們那一代中國人的食慾，只要看見這樣的牌子，燒梅沒吃進口，喉嚨已經讓油噎住了。

燒梅做得最好的那一家小店在漢口友誼路京漢鐵路（今京漢大道）旁邊，幾十年如一日堅持街邊作業，每天早上一開爐，店門口沿街排長隊，蒸籠一揭，白氣散開，不論遠近慕名而來的食客如中獎般高興。見食心喜，簡單的慾望，簡單的滿足。

數十年，我無數次從這家燒梅店門口走來走去，因為住家在這一帶，來來去去，經常買它家燒梅過早，有時買給祖母和父親吃，有時買給兩個女兒吃，後來幾年，搬家漢陽，不再留意老店存在。某天回家，母親說：「今天買了那家的燒梅，拿個碗來嚐嚐。」這才想起忘卻多年的老店小吃。

先以為，京漢鐵路遷了，鐵路邊的老舊房子拆了，一切都時過境遷了，誰知，老店還在，燒梅還在。

生煎包子

生煎小包子並不是武漢特色小吃，原產地上海，稱為生煎小饅頭，江浙人稱包子為饅頭，傳到武漢三鎮的時間大約在清代，來此地定居的江浙人逐年增多，江浙口味的小吃也隨之興盛起來，黃鬆糕團之類甜甜的不適合湖北人口味，生煎包子肉多油多口感鮮鹹焦香軟綿兼備，一下子對了湖北人的味口，從此橫行三鎮，與豆皮、麵窩、熱乾麵並駕齊驅。今天遍佈三鎮的民生甜食館連鎖店，必不可少的幾樣小吃是，熱乾麵、豆皮、糊湯米酒、生煎小包子，可見其份量。

武漢的生煎小包子和海派生煎小饅頭有哪些不同？

在上海吃到過，感覺它那裏的「饅頭」的個頭，比我們的「包子」似乎略大一點，別的也就說不上來了，總之都很好吃。

小時候住江漢路，住家對面是江漢路菜市場，菜場門前人行道馬路邊擺滿菜攤，鮮肉、活雞、活魚，印象最深的是早點攤，燃著火的鋼灶上擱一口大大平底鍋，折著花的白麵小包子繞著鍋一圈圈地碼好，油倒進去，水倒進去，大鍋蓋一蓋，灶下加木屑刨花，幾分鐘，鍋沿邊沖出白氣，鍋蓋揭開，包子皮上油光水滑，鮮肉的香氣，麵食的香氣，蒸烤食物的香氣，數種香氛將你裹脅。

包子師傅手握一把條形弓柄小鐵鏟，小心翼翼鏟包子出鍋，案板上備好乾荷葉，熱熱燙燙的小肉包底朝下面朝上地盛在荷葉裏，二邊合攏遞給你，熱呼呼、油落落的，兩隻手捧著滿滿的，這時刻，你嗅到了一種不同於剛才的香味，肉和油的膩香加上了乾枯荷葉的清香，絕妙而獨特，令人迷醉——嗅覺加味覺的享受成為你的終身記憶，因為此後，這樣的味道不會再有。

這就是我對生煎小包子的回憶，我認為，這就是它在武漢和在上海的最根本的區別，因為在我幼年的五十年代，荷葉是武漢市餐飲業的包裝紙，紙很貴但荷葉很便宜，湖泊到處都是。

武昌，除了山就是湖，湖與湖相連；漢陽，古城周邊全是湖，湖與山相連；漢口原本就是一片大湖區，我小的時候，鐵路外（京漢鐵路以北）湖泊成片，夏天荷花荷葉，秋天蓮蓬，冬天蓮藕。新鮮荷葉摘下來晾乾了保存好，褐黃色，越是枯萎越是清香，最好和油煎小肉包聯繫到一起。

這就是武漢小吃的特色，天時地利人和，鮮香美味絕色，別地方學不去。

這都是過去的事了，如今，武漢三鎮，湖被填平得差不多了，生煎包子依舊，但是荷葉沒有，具體地說是再也不可能拿荷葉來當包裝紙了，天然植物，自然清香，地球的恩惠，今天人已經很難享受得到了。

漢口榮寶齋

漢口有個榮寶齋，一小就常去，因為父親去，他去就帶我去。

榮寶齋的老字號店面在北京城，開號於光緒二十年，經營木版水印兼複製古人字畫，名噪京師一時。漢口的這爿店自然遜色得多。記得數十年前，店面似乎軒敞一些、也豁亮一些。那時候人小，立在店中，望著三面琳琅滿目的字畫和各色各式筆墨紙硯，心裏生出一種仰慕的高不可攀的感覺。

玻璃櫃檯很高，兩手扒著臺面仰著腦袋望上看。上著彩釉的巨大瓷筆筒裏邊插著粗粗細細的毛筆，「大白雲」、「紫狼毫」……對著剛剛學會握住毛筆的我，顯出一股特別的派頭來。

玻璃櫃檯裏邊擺著墨和硯。墨塊雕花描金繪彩；石硯琢磨非常精美，玲瓏凸凹，龍鳳、山水、花鳥、草蟲。

牆壁上的字畫看過的就記不太清了，也許是因為年齡小看不大懂，模模糊糊記得畫上有山有水有花草有石頭有鳥獸……

三十多年了，還記得進店來的左側牆上掛著一幅長軸，畫的是一個吹簫的古代女子：一女子身著粉色羅衫，蜂腰削肩，彎眉細眼，纖纖十指捏一管洞簫，微微俯首，目凝神注，櫻唇輕嘬，銜住長長簫管頂端——一股弱不勝衣的倦態美，將畫卷染得懶懶的，似有嗚嗚咽咽的簫聲從宣紙上流瀉出來。

後幾年，讀到「簫聲咽，秦娥夢斷秦樓月」的句子時，自然想到了這一幅畫。直到四十歲之後，我才弄清楚，當年，我在榮寶齋看到的，原來是明唐寅《吹簫仕女圖》的一卷臨摹本。

上世紀六十年代之後，位於漢口中山大道街邊的榮寶齋的生意一日比一日冷落，八十年代始，左右隔壁的時裝店精品店鞋店珠寶店富麗堂皇地興起，相比之下，更顯這爿老店的蕭條和淒涼——若論玩賞字畫古董，商業集鎮興起的漢口，原本就玩不過八旗之後聚匯的皇城，早年間興許還還有一二附庸風雅的達官富戶，隨著時代而變遷，老店的衰頹也就可想而知。

我時常往這店門前走，走過時常往裏一探頭，只覺得店堂很昏暗，再也不如兒時看著的那樣的眩目。有時忍不住了就逛了進去，東張張西望望，總想揀一點過去的時光再咀嚼，但是嚼到的多半是那一種叫做失落的感覺，不過，總是聽得見有一管洞簫聲，繞樑環壁，直吹得嗚嗚咽咽的。

榮寶齋的店面位於漢口中山大道南京路口和北京路口之間，門臉隔街對著金城銀行的側面，是漢口鬧市的中心，往中山大道行走的公車南京路站站牌就立在榮寶齋門口，所以是一個很容易到達的地方，而且，從上世紀中期至到今天，這爿老店面沒有被挪走，在天翻地覆的時代大變遷中不能不說是一個奇跡。

電車

在漢口生活了五十年，最熟悉的電車線路是三路，一路，二路。

上世紀五十年代末，我的家搬到循禮門十字路路口，湖北日報職工宿舍，解放大道旁邊，那時候的解放大道一帶顯得特別空闊，建築物不多，車也不多，後來，先是有了公共汽車，再後來有了電車，一九六一年，電車線架到我們家住的宿社大院的門口，三路無軌電車開通了。

想想看，家門口走電車，對住在這一帶的小孩子，意味著什麼？那年月，搭乘電車對於我們小孩子來說，真是一件很有趣的事。今天都記得剛剛看到電車的情景，宿舍的大人和孩子都從家裏跑出來，跑到大馬路旁邊，伸長脖子，等著看，掛著兩根長長的辮子的電車從遠遠的地方開過來，停站，上下乘客，然後，從我們的臉面前，輕輕捷捷地開過去，沒有汽車行駛時發出的那麼轟鳴，也沒有難聞的汽油的味道，烤漆鋥亮的長列新車廂，從我們眼前開過去，一派雍容的氣度。

十二歲讀中學，從循禮門到球場街，乘電車，三個站，兩站路途，多半步行，早出晚歸的，偶爾也乘公車，而且絕對是乘三路電車，因為它快，因為它是新車，今天才知是從上海買過來的，小時候不知，只不過是比較喜歡乘電車罷了，車票五分錢，來回一毛錢。如果上學時間緊，步行有可能遲到，就找大人要一毛錢，跑過解放大道，在武漢劇院門口那一個車站搭乘電車去學校，就這樣，讀完三年中學。今天記得的是，電車頂上的長辮子老是掉下來，然後司機或是售票員跑到車尾巴去，用一根粗棕繩，把電車辮子拖著安到半空中的兩根並排的電線上去。

一九六六年去上海，看見上海的電車輪子下邊有軌，走起來上面叮鐺響，下面轟轟隆，心想，都是電車，為什麼，他們有軌，而我們的「無軌」呢？

後來幾年，也經常地搭乘二路電車，從六渡橋去礄口，去武漢市第一醫院和武聖路新華書店。

先前，漢口人到武昌去，只能坐輪渡，從江漢關過江到漢陽門起坡。長江大橋一九五七年建成通車，一路電車一九五八年開通，漢口起點站離銅人像不遠，那幾年，過江的人在三民路邊排起長隊，如果是周日或是上下班高峰，人擠人人挨人，見電車一來就埋頭往上擠，售票員說：滿了滿了的，等下一輛吧。弄得我平時簡直都怕乘坐這一路車。

也有例外的時候。

記得某一日深夜，從武昌回漢口，只有一路電車還在長江南北穿越行駛，趕上十一時三十分末班車，車廂內很冷落，只有一兩個乘客。當晚，司機把車開得飛快，過長江過漢水，一路上風馳電掣，二十五分鐘，從武昌水果湖跑到了漢口六渡橋。

什麼時候，我們的生活遠離了曾經和我們朝夕相伴的電車？

回答這個問題，真的只能用「驀然回首」這樣的詞了。

是的，就這樣在不知不覺間，我們幾乎再也不坐電車了，從上世紀八十年代開始，公車不斷增多起來，五字頭，六字頭，七字頭，車多，車也新，車廂環境好，坐著也舒服，人們選擇感覺最好的交通工具本來也就是一件很自然的事，我想也許就是從這幾年開始，乘坐電車的人逐漸地減少了，如今，那幾路老線路電車是否依然在行駛我都不清楚了，好像三路電車在解放大道上還有看到，看到它自然想起了我年少的那個時候。

三鎮消夏圖

外地人眼裏，武漢諸多的不好，尤其是夏天，除非緊要的出差辦事，沒人敢往我們這兒來——去年七月，一朋友往這兒路過，行程是：空調長途車到空調計程車到空調居住地，空調居住地到空調計程車到空調飛機場，從頭到尾，沒敢在室外停留那怕十分鐘——確實，那幾天，武漢高溫，空地上烤得熟雞蛋，傻瓜才會從空調房裏跑出來逛大街。

美國人羅・威廉，曾經用「燠熱」這兩個字，描述漢口夏季高溫之令人難受的程度，在他的書中，他反覆強調，這個位於長江中游的黃金商埠其實是最不宜人居，如果不是為了生意，當年（指十九世紀末）沒哪一個洋人願意住到漢口來——當然，這只是他的一家之言。

只能這麼說，高溫酷暑溽熱難耐的武漢，自然會流傳一些和其他城市稍微不同的民風民俗，環境造就人居，社會發展了，環境變化了，與環境相維繫的民間習俗也會有變化，例如竹床，今天就沒有了，還有諸如此類的很多，今天的消逝讓昨天成為歷史和傳說。

夏衣

很多年前，讀過一篇文字，一位上海老先生的回憶，說的是當年避躲戰亂來武漢時的所見所感，在他的眼裏，武漢人（文中稱湖北人）比他們江浙人要粗（褒義的說法是「粗獷」），說話高聲大嗓，穿著也很散漫，尤其是夏天晚上，滿街的竹床，滿街的短褲赤膊……說的是一九三七年的事。

很多年來，武漢人過夏天都是這麼過，把室外當做室內，把公共場所當做私人場所，臥室搬到街上，內衣穿到街上，武漢人安之若泰，可以說很享受這種樂趣，但是外地人很看不慣，覺得很不像個樣子，例如滿大街赤膊褲衩的男人，再就是滿大街大花短褲頭的女人，家門口洗衣服的，挽籃子上街買菜的，樹陰下乘涼聊天的，夜間街邊竹床上臥著和坐著的花短褲就不用說了，總之是外地人眼裏武漢夏天的幾大怪之一。

當然，這是好多年前的事了，上世紀八十年代，電扇普及，新世紀，空調普及，先前，只有國家機關辦公時才能享受到的降溫製冷條件，如今一般人家庭也享受得到，那樣室內室外沒有區別的市井百態在武漢很難看見了，也許在小街小巷深處還沒有絕跡，但總算是無礙市容觀瞻得多了。

其實，曾經流行過的這種比較裸露的夏季裝束，今天來看，也不應該算做太另類，太平洋熱帶島嶼上的土著人從古到今都這麼裝扮，非洲赤道居民只在腰間圍一塊布，什麼地方說什麼話，沒有製冷設備的夏季，不這麼穿著行嗎？衣冠楚楚還不得把人給憋死？

早些年，武漢人的短褲短衫也是有講究的，並不是如今天人想像的那樣散漫隨便，女人和男人，按年齡和社會身份不同，夏季的衣著裝扮也有不同。

先說女人。

有身份有文化的女人不會在大街上穿花短褲，無論天多熱。機關

漢口英租界故址，夏天長江邊街頭乘涼的市民。

職員和學校教職工，日常的裝束是短袖襯衫和至膝下的短裙，或是短袖襯衫和長褲。和秋冬相比，質料上有變化，絲綢和薄棉布。

那時的人，居家裝和上班裝，不會有太大的區分，講究一點的也有，花朵圖案的純棉布裁剪成短袖長褲的居家便裝，街巷里弄，花枝搖擺地走過去。

連衣裙，當時叫「布拉吉」的，上世紀五十年代「中蘇友好」曾經風行一時，後來幾十年間絕跡，直到上世紀末才出現。

年歲更長的，居家條件更好的，這樣的女人，當時稱為是「從舊社會過來的」，曾經的富貴在她們身上留下不老的痕跡，香雲紗斜襟半袖卡腰褂子，黑色雙皺綢長褲，襟上別一支噴香的梔子花，手裏拿一柄鵝毛扇，無論天多熱，都是這麼衣著端莊儀態典雅的，白淨的臉，白淨的手，抹了美人蕉的頭髮一絲不亂。

當年，武漢女孩子夏天的居家裝束，稱得上是最具熱帶風情的衣著了。

短衫短褲，各色的花棉布縫製，很漂亮的，上衣圓領無袖，我們叫做「圓領衫」，然後是平腳短褲頭，白白的手臂和白白的腿腳露出來，黃昏，上街打醬油，晚上，街邊竹床上乘涼，紅花綠朵，生香活色，青春的少女，火熱的江城，讓外鄉人魂牽夢縈的武漢夏天。

武漢的男人，未必如外地人所描述的那樣——夏天，清一色的赤膊短褲。

如果是學生，即使在家也要穿兩層短褲，內層一條泳褲，外層一條運動褲，當時都叫球褲，上身穿一件運動背心，一般來說，學生不打赤搏，小學生、中學生、大學生，戶外活動，譬如晚上竹床在街上乘涼，無論天多熱，也要穿件白色汗衫布小背心，這是區分學生和非學生的標誌。

另外也有衣著較為講究的男人，下著西裝短褲，上著圓領汗衫，北方叫老頭衫的那種，腳穿包頭圓口皮面皮底拖鞋，這樣的男人少有在街上搭竹床睡覺，最多，傍晚時，在家門口坐一坐乘乘涼，搬一把竹靠椅或是帆布躺椅，搖一把黑紙扇或是湖洲鵝毛扇，和相熟的鄰居聊天或是下棋，也有和誰都不說話的，擺弄一台雜音響得厲害的礦石收音機，搖頭晃腦地聽戲，京戲或是漢戲……這樣的人，自然是有點文化坐辦公室的一類，生活習慣講究，住房條件說得過去，里弄，公寓，商住樓，機關宿舍等等，也就是說，儘管天熱，但是晚上在家勉勵還能待下去的那一些人。

人的著裝和環境相關，大的方面指自然環境和社會環境，小的方面指居住環境，不僅是你住的那幾間房，還有你住的那一個社區，社區氛圍高雅，住宅條件優越，既使是武漢三鎮的炎夏，你也會檢點你的衣著，所以，短褲赤膊的男人成為武漢夏天一大標誌，因為他們是市井貧民，生活困窘，居住環境困窘，簡陋的磚木平房和破爛的木板房甚至於棚戶當然抗不住酷暑，住在這樣環境的市民非得跑到街上來不可，於是，每到夏天，三鎮大街小巷內短褲光上身的男人密如螻蟻，原因很簡單，因為底層的人比中上層的人人數要多很多，衣著不整的人顯露在街頭，衣著稍整的人躲在家裏或是街巷的深處，落到外地人的眼裏，自然是夏天的武漢市滿大街的赤膊褲衩。

認識一位鐵路工人，在機務段掛拖（客車臨時加掛的拖車），某年六月末，武漢三鎮提前入夏，高溫三十六度以上，汗背心短球褲，大白天在家躺著，突然接到單位任務通知，拖上一雙塑膠拖鞋趕到車站，掛上拖車跟著列車出發，上車來倒頭大睡，一覺醒來到昆明，想下去月臺買點東西塞肚子，拉開車門，腳還沒落地，直覺氣氛有點不對，冷風颼颼，寒氣襲人，凍得人渾身直打哆嗦，定睛一看，月臺上的人全都裹著厚毛衣和呢大衣，當日此地氣溫不足十度，這倒沒什麼，本來就是一個熱不死冷不死的武漢人，但是，被月臺上所有的人盯著自己看也不是什麼舒服的事，這也不能怪人家，天氣陰冷如同初冬的昆明城，突然間冒出來一個赤腳拖鞋、短褲赤膊的男人，當然人家會拿你當「怪物」。

當時只好從車門口縮了回來，找站內列車員借了一件工作棉衣，才敢跑出去買一隻燒雞拿在列車上啃，後來，這一列客車在昆明站停了二十多個小時，他再也沒敢到月臺上去，更別說跑出車站外，一是天氣實在是太冷，二是這樣一副「裝容」——在武漢如魚得水，在這裏視同「盲流」（大陸對無業流浪者的稱呼，「盲目流竄」的意思）。

竹床

武漢市的竹床陣盡人皆知，幾年前央視拍的《再說長江》電視系列片，提到武漢，依然是熱乾麵和竹床和赤膊之類，弄得武漢人老大不高興，因為這個話題太老套了。今天，談及武漢的夏天，難免還是要說到武漢的竹床，就說幾句，以後不再多說就是。

竹床，武漢市居家必備之物，和桌椅板凳一樣，早些時，鄰里攀比經濟條件優劣，夏天家門口擺出竹床的多寡與好壞就是一例。買不起竹床的人家，乘涼用長凳擱破木板或是厚紙板來代替，困窘之態，一目了然。所以，有的人家，節衣縮食，為了買張漂亮的新竹床，因為是擺在街面上的物體，正好充個臉面。

有新竹床和老竹床之分，新竹床剛買來不久，竹子新，竹床自然也新，按竹床的生產地和竹子的品種不同，有青色和黃色兩種竹子的顏色，都很漂亮，聞起來有股子清香。我家最後一張小竹床是協和醫院的一位醫生朋友託人從咸寧買來的，做工細緻，材料結實，品相厚重，後來搬新家送給親戚了，今天想來，還有些依戀的情感。家中用物，用得好的，如家中寵愛的活物，在一起時，相親相愛，離開時捨不得，如我家那張竹床。

老竹床，使用時間長，和人相處的時間長，三兩年成不了一張老竹床，非得是年深日久，竹子由青變黃，由黃變褐色，最後變成黑紅的顏色，而且油光水滑，如古瓷器面上的包漿，做是做不出來的，靠的是汗水的浸潤和歲月的侵襲。竹床時興的年代，人們都為自己家裏有一張色澤古舊的老竹床而感到自豪，說明家境可過，說明成家立業時日的「悠久」。

即便如此，老竹床也不適宜家中的老者，即使是高溫酷暑的天氣，他們也敬它而遠之，據說，老竹子的性情大寒，身體虛弱的人有可能被它吸去最後一點溫熱之氣。

武漢三鎮夏季竹床乘涼圖，照片為漢口江漢路銅塑。

夏天，武漢人搬竹床到戶外，也有一些規律和講究。一般人家，竹床出街時間在黃昏，即晚飯前，通常的說法，是要搶地盤，例如狹窄的街巷，晚出街者連竹床擱下的地方都沒有了，所以為竹床乘涼的地盤而爭吵甚至毆鬥的，每年在三鎮的夏季不在少數。但是，多數人家在晚飯前的竹床出街並不是為了占地，而是一種習慣，竹床除睡覺納涼的功能之外，還是晚餐時的餐桌。

你想想，在戶外的晚餐，既可以省下照明的電費，又可以避免室內的悶熱，還可以和鄰居說笑，更可以看街頭風景，一舉數得之事，何樂而不為？於是，每到天色將暗，家家戶戶在門口潑水，潑濕門前的一塊地，驅散日間的暑氣，然後才是將大小竹床逐一搬運出門，橫七豎八地在街邊在巷子中間擺放得妥當，然後再拎一桶溫熱水，擰濕一塊乾淨布，一張一張抹得光亮、潤濕、乾淨，算是完成了今夜納涼的第一件大事，剩下來的是整個夜晚的享受。

竹床的擺放，牽涉很多學問，社會環境學和人際關係學，擺放的方位是有講究的，自家的床腳，不宜與人家的床頭直對，自家女人的睡處，不宜與人家男人的睡處挨靠，等等。另外，這家和那家，竹床擺放的間隙應該是「疏密有致」，既要避免鄰里間的糾紛，也要確保自家的權益，該是自己的就是自己的，該是別人就是別人的，自家不占人家的便宜，人家也不要占自家的便宜，這是武漢人的信條，用在這裏，一樣行得通。

外地人始終弄不明白，為什麼武漢人表面上看來爽朗得不行，吃了虧時不依不饒。原因很簡單，武漢人的便宜，不是不能占，而是不能白占，利益往返，取捨均衡，也是對人最起碼的尊重，其中包括竹床占地這類市井風俗學。

扇子

沒有空調的時候，夏天，武漢人怎麼過？

自然是扇扇子

武漢六月，扇子的王國，不過，全都不是本地出產，這個不要緊，商埠重鎮，碼頭城市，南來北往，天南地北，山南海北，各路的貨物都能流通至此，難道還怕少了扇子？

芭扇：也叫芭蕉扇、蒲扇和葵扇，團團的大大的一整張葉子製成的那種，扇起來，風力較其他樣式的扇子強勁，在悶熱無風的武漢夏天，這是最合適的消暑工具。

每年，入夏，散著清香的蒲扇大批大批從廣東和福建湧進武漢三鎮，街上挑著擔子買的，街邊小店堆著買的，每家每戶都要買上一兩把，因為實用，因為價廉。

蒲扇隨身的多半是勞力者，三輪車夫、小攤主、街邊修鞋工和補胎工，露天作業，高溫多汗，扇子插在背後的褲帶上，用起來方便，丟了也不可惜；另外是街巷中的老人，一把蒲扇在手，扇風、驅蚊、生爐子時煽火，三者兼顧。

例如我的祖母，一把蒲扇買回家來，用舊布沿圈滾上一道邊，希望用整一個夏，破損了也捨不得丟，「買東西不要錢吧」，她說。

很多年裏，蒲扇和人之間，以性命相維繫。

摺扇：先前，我們那一代人及我們上一代人，在武漢，夏天都用折紙扇，自以為有點文化。後來，讀古書，才知道，摺扇，又名撒扇和折疊扇，並不是中國的原產，明永樂年間從朝鮮傳過來，民間最先使用者是妓女，後來漸漸被良家婦女效仿，後來才成為文人雅士的象徵，譬如扇面畫等等。

摺扇的使用群體很寬泛，上世紀五十年代和六十年代，文化人用沒有文化的人也用，因為攜帶方便不占地方。品質低劣的，武漢市隨便哪一家小作坊就能批量生產，品質稍好一點的折紙扇還是出自杭州。

小時候，夏天，帶一把廉價的折紙扇上學，那時的學校沒有電扇，不想聽班主任不厭其煩地說教，課桌底下摺扇打開反來覆去地看，劣質的畫看膩了，俗濫的詩也念濫了，後來乾脆扔了，另換一把，同樣的劣質。

前年在杭州，「王星記」買回來一把黑紙摺扇，油紙扇，本來是留著玩的，結果今年「使用」了兩次，六月底停電一次，七月初停電一次，社區電器老化，供電部門的維修姍姍來遲，空調、電扇、電燈、電視、電腦，一停俱停的武漢夏天的高溫之夜，烏木骨子黑紙面的大摺扇給予我和家人小小一方艱苦與共的空間，讓人想起往年的日月。

羽毛扇：也有稱鵝毛扇，或是毛扇，「羽扇綸巾」，中國特產，武漢人用的羽扇最先從浙江來，湖州，從古至今羽扇的產地，後來，湖北洪湖的羽扇上市，價格便宜許多。比較來說，羽扇比蒲扇和紙扇（指價廉的）顯得貴氣而且不好保養，一般都是老太太和有點文墨的老先生用。老人認為，羽扇的風柔和溫存，適合年老體弱的人，而且，民間還有這樣的講究，剛生小孩的女人一定不得用蒲扇或是其他風力偏強的扇子，一定得使用羽扇，即使是武漢的炎夏，不然可能落下月子裏的毛病。於是，羽扇的使用價值，從消暑上升到養生了。

另外還有竹扇，也叫篾扇，樣式輕巧，做工細緻，價格不貴，用的人也很多，產自湖南。

牛皮大扇片：小時候，夏天，在漢口江漢北路（即梅神夫路）附近，一家小理髮店，也稱剃頭鋪子，看見一種土製風扇，整張水牛皮，我看到時，已經用得光亮發黑了，橫著，懸掛在房樑上，長長一根繩子栓著，有一個人，坐在屋子的另一頭，一下一下地用力拉，於是整張牛皮就成了一把超大型號的扇子，在理髮店顧客們的頭頂上，搖過來晃過去地送風，和電風扇當然不能比，但是在當時，總比什麼都沒有的強，不然那麼熱的天誰坐得住？

這種公眾場合使用的古老的扇風方式，據朋友說，在《金瓶梅》一類的書中見到過，但是在武漢，一直保留到上世紀五十年代末。

絹扇，也稱紈扇，古詩中團扇團扇美人遮面的那種，產自絲綢之鄉的蘇杭，古時有讀書人用素絹製成的團扇，到了現代，絹扇是女孩子專用之物，沒有哪個男人敢用了。小的時候我有過幾把，價錢貴不貴就不記得了。

玩水

——我先生的講述

游泳，我們小時候叫「玩水」，武漢三鎮的小孩都這麼叫。

武漢，江河湖沼之地，玩水的地方多，會玩水的小孩也多。那時候，不會玩水的男孩被人看作「竦角」（意指膽小鬼），等於現在的男孩不會騎自行車，在學校，同學取笑，回家，街坊取笑，很沒面子的。

武漢三鎮，到處都是我們的游泳池，那個時候，幾乎沒有哪一處水域是我們的禁忌地，想玩水的人哪裡都敢去，哪裡都能去。

例如長江，從沿江碼頭下水，順江流而下，龍王廟和濱江公園是玩水者的天堂；武昌那邊，從漢陽門石階下水——大江之上，江面開闊，水流湍急，水性不好的，不敢冒然游長江。

漢江，武漢人稱漢水，我們那一代人叫「小河」，和長江這一條世界級大河相比，任何一條支流也只能算「小河」——漢口，從漢正街一帶沿河碼頭下水；漢陽，從南岸嘴和江漢一橋及江漢二橋橋下下水，漢江水清，水流較好控制，來這裏玩的人比長江多，每年夏天，特別是傍晚，漢江江面，人頭攢動，水波動搖，好一幅眾樂樂的戲水圖。

另一個好的地方是東湖，武漢的伢從小到大幾乎都會去那裏玩水一兩次，湖好，水好，只是湖裏的水草密了點。那時交通太不方便，只有一路車通往那裏，單門上下的黃色圓頭公車，很老式的那種。

住市區中心的孩子也有玩水的地方，上世紀中期，三鎮的湖泊還沒全填平，中山公園有湖，青少年宮有湖，漢口北郊儘是湖，漢陽有月湖、蓮花湖、墨水湖，武昌除了東湖還有南湖和沙湖。

例如，住漢口六渡橋的男孩，玩水的本領，多半是在中山公園的觀景湖中練出來的。游泳池不是沒有，但是怎麼可能天天去練？黃昏後，幾個孩子約著，偷偷翻院牆，跑進中山公園，跳進湖裏就玩，晚上回家，大人拿指甲在皮膚上一劃，一道白痕，知道玩水了，一頓打是跑不掉的。

除了這些天然的去處之外，還有武漢三鎮的游泳池，讀書時由學校組織去，畢業後自己拿錢買票進去，以漢口為例，玩過的有，中山公園游泳池，青少年宮游泳池，武漢體育館游泳池，海員文化宮游泳池，北湖游泳池等等，武漢話劇院的室內游泳池也去玩過，後來才知道，曾經歸屬於六國洋商跑馬場會員俱樂部。

我們小時候玩水，沒有家長支持，因為多半是自由活動，危險性極大，每年夏天，武漢三鎮，死亡人數急增，大多數小學和初中的男孩，暑期，不需要上學，天熱，沒地方可去，那時沒有電視和電腦，只有出門玩水，有的一去不回——記得中考之後，回學校拿通知單，同班同學，平時很聽話的一個男孩子，暑假，玩水，淹死在長江中了。在武漢，這樣的事聽到的見到的太多了，都顧不得悲哀了。

玩水的人，從小玩到大，那是你的命大——文革年間，兩次橫渡長江，現場混亂，死人也多，但是也都僥倖活出來了。

武漢老街巷

武漢是一個老城，歷史久，記憶多，記憶多，故事也多。

故事，從你最熟悉的地方說起，從你出生的地方說起，從你生長的地方說起，從你生活的地方說起，從你和你的親人共度的地方說起……

歲月滄桑的老城，密如蛛網的街巷，千重萬疊的紅瓦灰牆，留下了太多兒時的記憶、年輕時的記憶、一生的記憶——武漢的老街老巷。

武漢人聊天，經常聽到的一句話就是：我是在漢口或是武昌或是漢陽的某一條街上或某一條巷子裏長大的……非常自豪的口氣，其中涵括太多的說不盡的滋味由你任意地想像。

例如，某一條老街，沿街宅子大門終年朝街面敞開，街上的孩子一年四季吃飯端著碗從家裏跑出來在街邊邊吃邊玩邊看街上來來去去的人和車……

例如，某一條老巷子，前好些年，每到夏天，住戶從不在家中睡覺，晚上過六點別想往這兒經過，一張挨一張的竹床，一個挨一個的短褲赤膊的人，夜色昏暗，芭蕉扇搖得劈啪啪地響……

小時候到人家家中串門，生成南里的一戶人家，老里弄房子，前面由巷道過天井到堂屋，後面從廚房轉彎的木樓梯上二樓——記得那一天幾個小孩子在寬敞陰涼的巷道裏踢毽子……

很多年在漢口交通路逛舊書店，最深的記憶是從交通路直鋪到花樓街的街石，小小長方形的青石塊，一塊一塊斜著鋪，如編織的篾席，怎麼看怎麼有味道，特別是下雨天，石頭滑溜溜的泛著青幽幽的光，那樣的舊光影如今再也沒有……

六渡橋曾經是老漢口最熱鬧的街區，一個界定模糊城市區域，地面闊大街巷密集——街巷密集，店鋪密集、居民密集、過往密集、歲月密集——清芬路「美成」看漢戲，楚寶巷巷子口過早，統一街廣益橋買清真牛肉，民眾樂園旁邊的文殊巷內算命測字，民生路這一頭的花樓街早已拆毀，街頭的牛雜碎曾經是這個城市冬天第一等美食……

穿行在漢口的老街巷，不用記路也知道走路，從小到老，行行走走，半個世紀，每一個街角，每一個巷尾，街邊的某一間小店，巷內的某一戶人家，某一個小院裏某一棵樹，心裏記

漢口老城區俯視（資料圖片）

住多少年……

穿過某一條巷子，是從這一條街到哪一條街最近的道；穿過某一條小街，可以直達你要去的某一個街區，例如從江漢路穿寧波里到保成路，從蘭陵路穿珞珈碑路到黎黃陂路，從勝利街穿同興里到洞庭街……這裏說的小街巷是人家的住宅區也是我們路人過往的便道，在街巷裏走，最大興趣是窺視別人的生活，半掩的木門，弄堂口的帆布躺椅，巷道中聊天的老人，街溝邊擇菜淘米的婦女，太陽天晾出來衣物垂到你的頭上，看到最多的是睡在臺階上的貓，有一次看到一條蹲在門口的金毛犬，主人說，它很乖不咬人……時光在這裏永駐，每一天都是今天。

有一天，在武昌，從曇華林走到戈甲營，山間凹地躲藏一條老街，老街非常小，而且只有半邊，一邊房屋，另一邊高牆，沿路走，沿路看，明代古民居、清代基督堂、民國小洋樓，女孩子在天井裏洗衣服，教徒們在小禮拜堂裏唱歌，僻靜的住宅院子裏栽著一株開紅花的芭蕉樹——站在青石鋪墊的老街巷裏，瞬間彷彿與世隔絕。

另一天，在漢陽，從鐘家村往江邊走，穿街走巷，顯正街邊的天主堂高高聳起的尖頂，鳳凰巷內的漢陽古樹綠陰遮蔽天日，長長窄窄的西大街挨門逐戶的小店鋪，街上飄著燒烤和油炸的香味，令人倦戀的香味，老街巷的味道，充滿了世俗的人氣。

武昌、漢陽、漢口三鎮，其實是三個非常大的城市，歷史老，文化厚，城市建設各有不同，城區闊大無邊際，街巷繁雜多如發絲，古城和新城，老街和新街，古街巷消失，新街巷興起，時間往前，當年新街巷，今天的老街巷，斜陽草樹，尋常巷陌，有井水必有人家，城市的某處，某幾條街巷，曾經和你的人生融在一起，不用回憶也無法忘記。

武昌建城最早，方城四面合圍，經歷過宋元明清民國數代的興衰，商業驛站和行政中心合而為一，察院巷、後宰門、九龍井、都府堤，糧道街、胭脂路、保安街、王府街、司門口、長街……蛇山南面，從山腰到山腳的街巷，街面的青石，街邊的水井，最早是明代楚王宮殿的廢址，漸漸地有尋常百姓來這裏住家：西方傳教士是武昌城牆外邊的開發者，花園山曇華林的周遭方圓，古街巷內的新街巷，古遺址上的新建築，一百年之後的今天，當年曾經是煥然一新的一切，街巷，還有房屋，早已在時光中匆匆地變老。

老漢陽老城最早建在漢水和長江交匯的水岸，洗馬長街和攔江路，後來，商圈轉移，老街蕭條；年代久遠的老街巷往往環繞在風景名勝的周邊，例如歸元寺前面的翠微路依然不改香煙繚繞佛法普渡的古舊本色；鸚鵡洲一帶的老街巷光陰更為古久，張之洞督鄂時以漢陽為全國工業基地，後來才有了西大街、顯正街的到二度繁華。

漢口建城，最先在漢水入江口，漢正街沿河而走，長長一條街，兩側伸出的街巷如同蜈蚣的腳。十九世紀初，商貿繁榮城市人口增長，自龍王廟以下（指長江水流流向）的沿江地段漸漸有人居住，木板屋搭起的街衢巷陌一直延伸到花樓街口——街巷裏茶館酒館旅館最早還有煙館，最多的是轉運茶葉的貨棧，漢口茶港，茶葉沿江貿易沿街巷貿易，水碼頭從花樓街搭到漢正街，早年間在漢口，假如哪家的男人幾天沒歸家，老婆就沿江街巷茶館裏去找，有人在茶館裏掙錢，有人在茶館裏輸錢。

十九世紀中後期，五國租界地沿著長江北岸建設，漢口城區由西往東遷移，由漢水邊往長江邊遷移，租界區內第一條街是英領事館旁的寶順路（天津路），然後沿著新壘的長江大堤築河街（沿江大道），與河街垂直修出十幾條街道，長街貫通著短街，大街勾連著小街，里弄裏串聯著巷道，商行、銀行、商埠、民居，法桐綠陰覆在街巷的深處。

一九〇五年，張之洞建後湖長堤（張公堤），堤內濕地乾涸成十萬畝平土，從此開始漢口北部的滄桑輪迴。一九〇六年，京漢鐵路修到大智門；一九〇七年建後城馬路（中山大道），一九〇九年建水塔——京漢鐵路以南，新的城區從泥沼地裏升起。

從漢正街到江漢路，從漢水邊到長江邊，從老城到新城，六渡橋是古往今來的一個銜接——紅塵中的紅塵，市井中的市井，居民五方雜處，市風非古非今，貴賤不等的人，土洋摻半的屋，優劣不一的街巷，不熟悉的人不要去穿街走巷，巷內沒有屋裏屋外的區別，每一段街每一條巷子都可以是自己家中的客廳、餐廳和廚房——平民的天堂，真正的俗世，住久了才會懂得它的好處。

六渡橋過江漢路，才能算是上等人的世界，華埠和洋埠，華商區和租界區，分隔在中山大道的南北兩側，模仿租界地的街區建設，模範區漂亮的洋樓，平整的街道，四通八達的巷子，街面是商埠樓，街背後藏著裏巷人家。

漢口里弄是漢口商業社會的基石，華商和里弄聯繫得十分緊密，劉歆生投資的生成里，劉輔堂父子的輔仁里，金城銀行金城里，大陸銀行大陸坊，中孚銀行中孚里，三北輪船公司是寧波里，上海商業銀行的上海村，國貨商店的聯保里……

無論冬夏，每天晚間上燈之後，拖腔長長的叫賣聲，從街邊一直傳入巷道深深的居戶。吃食攤子挑在肩上，一頭小煤爐子，一頭小木頭桌子，掛一盞洋油風燈，搖搖晃晃地沿街叫賣。桂花赤豆湯、糖水蓮子米、油炸藕圓子、桂花糖蒸糕、四川擔擔麵、原湯大餛飩。兩扇黑漆大門打開，站在巷子中間，朝巷子口喊一聲，吃食挑子忙不迭地趕過來，自家的金邊細瓷碗，盛好了端著，走過天井，端進玻璃隔扇門內的正客廳裏去——老漢口的夜很長很長。

武漢老戲園

武漢市戲劇演藝歷史自明清始，清咸豐年間逐漸興旺，上世紀三十年代達到頂峰——當年，若是說到看戲，中國名列前茅城市有三個，這就是：北京、上海、漢口。一九四九年後，武漢市文化消費也曾經有過一段相當繁榮的時期，但是近數十年來，隨著時代的變遷，一切都有了變化。因為對於上述話題的興趣，這個周日，我和攝影胡西雷（我的弟弟）約好，對武漢市（漢口和武昌）我自小熟悉的幾家劇院，進行了一次走馬觀花地快速採訪。

上午十時，我們由武聖路上中山大道，往和平劇場門前匆匆經過，採訪後來通過電話進行。和平劇場位於武聖路家樂福超市中山大道一側，由小街進去入劇場大門，有媒體稱為「漢口中山大道八大戲園」僅存之所，此說法雖欠落實，但也確屬所存不多的老劇院之一。和平劇院，曾為武漢市豫劇團專有演出場地，數十年前，我曾經來此觀看過現代豫劇《南海長城》。文革後，豫劇團撤銷，劇場保存，數十年中，於艱難世事中勉力維持經營。目前，劇院以接納民間劇社的楚劇演出為主，為了滿足本市（尤其是緊鄰漢正街的這一地區）一部分年老市民的傳統喜好。曾經，八十高齡的楚劇名角熊劍嘯也來此作精華劇碼《葛麻》的「示範演出」，受到觀眾與楚劇弟子的熱烈歡迎。

上午十一時，摩托分開人流，駛入漢口六渡橋清芬路小商品市場一條街，費了一些力氣我們才找著了當年聞名武漢三鎮的漢劇演出場所——清芬劇場，現更名為「清芬娛樂廳」。清芬劇場是漢口最老的戲園子之一，初建於一九一三年，最早名「丹桂大舞臺」，後改為「美成大戲院」，演出以漢劇為主，也演京劇和楚劇。當年有漢劇名伶余洪元、周天棟、楚劇名角陶古鵬、余洪奎曾經在此登臺獻藝。「一九四七年，棟聯漢劇團仿效上海，設佈景房，上演了機關佈景連臺本戲，如《岳飛》、《張汶祥刺馬》、《血滴子》和《火燒紅蓮寺》等劇，觀眾如潮，場場爆滿。」一九四九年後，「清芬」為武漢市漢劇團（後為「武漢市漢劇院」）

漢口民眾樂園——當年中國三大娛樂場之一

的專用演出場地，二十世紀六十年代初，有政府的扶植，有老一輩藝人的支撐，漢劇表演藝術大放異彩，著名漢劇表演藝術家吳天保、陳伯華、李羅克在此地的演出堪稱是「風華絕代、盛極一時」。當年的景象如雲煙盡散，清芬劇場消失得僅存一個「娛樂廳」的名號。劇場的一樓改為經營五金的商埠，二樓的一部分為堆貨的倉庫，另一個上了鎖的房間掛牌為「娛樂歌舞廳」，估計到晚間才有演出。攝影上樓拍照時引起「清芬娛樂廳」工作人員的猜疑，不但搶去數碼相機反覆檢查，後因沒發現有膠捲，遂將相機歸還。同時厲聲質詢來者何人，受何派遣？似有諸多謹慎小心之處。也許，對於清芬劇場的今天的淪落，連他們自己也感愧疚。

　　中午十二時，由清芬路走出至民生路，右轉上中山大道前行，迎面矗立著聞名全國的老漢口娛樂大世界——民眾樂園，漢口老一輩人稱為「新市場」，其實它有很多名稱——建於一九一八年，最先名「漢口新市場」，一九二六年改名「中央人民俱樂部」，一九二七年為「血花世界」，一九二八年為「漢口民眾樂園」……如此反反覆覆，於一九四五年定名「民眾樂園」，至今，漢口民眾樂園，各種戲劇曲藝雜耍遊藝的綜合娛樂場所，占地面積一點二二平方米，最多時可容納三千人，規模僅次於上海「大世界」——「演出期間，觀眾踴躍異常，不僅座無虛席，而且站立者踵趾相接，幾無隙地」——建在園內的「江夏劇院」，舊名「新市場大舞臺」，以上演京劇為主，曾經有全國各地的京崑及本地地方戲的名角來此獻藝。一九四九年後為武漢市京劇團的專設演出場地，僅在民眾樂園培養出來的漢地京劇名角有郭玉昆、關鷫鷞、關正明、王婉華、李薔華等。上世紀六十年代末，北京京劇團來此演出《百歲掛帥》，當時漢口掀起一股爭相觀摩「楊門女將」的民眾熱潮。如今，民眾樂園修葺得煥然一新（由圖片可見），奶黃色的外牆和奶白色的窗框、門框、立柱、雕花相映奪目——一道華麗而厚重的風景屏，永遠屹立在中山大道街邊——只是，如今來這裏逛商店的人遠比觀影劇的人要多——當年老漢口戲劇百業花團錦簇般的繁華早成歷史陳跡。

走出民眾樂園臨街邊的那一個拱券側門，前行左拐即漢口前進四路路口，朝裏走，不多遠，街邊是當年與清芬劇場齊名的楚風劇院，曾經是武漢市楚劇團專用演出場地，文革期間一度改名「長征劇院」，後復改回。前十多年，劇業蕭條，劇院改為影院，經營數年後受到周邊高檔現代的影院的票房衝擊而倒閉，以至於今天我們所見這一派淒涼破敗的景象：劇院一層現為舊電器商場，二層設有一個迪廳；最邊的門面闢了一間網吧，算是還掛著「楚風」這個名字。

「楚風」，一九一六年建成至今八十八年，晚於「清芬」三年。原名「長樂戲院」，演出漢劇和楚劇。一九三六年，十八歲的陳伯華在此登臺首演漢戲《霸王別姬》。一九四九年後，「長樂」更名為「楚風」，輪番上演新舊戲文，日日有名角登臺獻藝，如楚劇藝術家沈雲陔、關嘯斌（男旦），熊劍嘯、楊少華（丑角）等。前數十年，劇院在中山大道街邊設售票廳，在前進四路此處為演出場——地屬六渡橋鬧市區，也是武漢市平民聚集區，喜愛楚劇者多不勝數，開戲時常至街道擁塞，車輛不能成行。當年盛況，如今已成追憶。

曾經我父親於落泊時被分配到武漢市楚劇團擔任編劇，那是文革後期，所以我有機會常來這裏觀看剛剛獲准出演的新編楚戲或是傳統楚戲，當時，幾位著名藝術家尚健在，曾經立在那一方戲臺之下，仰看這由民間俚俗茶戲演變而來的荊楚鄉土特色的聲腔歌舞，至今想起，別有一番說不出的感歎。

沿中山大道，下行，過「五芳齋」餐廳，右轉，入蘭陵路口，尋找記憶中的中南劇院不見。問周圍的居民，原來，街邊一圈圍牆內的一片荒廢建築工地就是。記得年少時我經常來這裏觀看話劇和歌舞，印象最深的是上世紀六十年代末蘇聯紅旗歌舞團來漢歌舞表演；另一次是八十年代末中國首映美國電影《羅馬假期》。中南劇院：位於漢口蘭陵路與中山大道相交的街邊，屬舊俄租界，曾經是一幢巴羅克式建築物，外牆有雕花和花飾，數級石階上去步入羅馬立柱的門廳，內部結構依照西方歌劇院模式，只是格局要小得多。一九四九年後，曾為武漢市話劇歌舞劇重要演出場所之一，尤其是在武漢劇院未建成之前。及至之後，它仍然以其華麗的劇場空間以及優雅的人文格調吸引著市區一部分崇尚高雅娛樂的知識份子型消費群體。一九九六年，劇場被拆除，準備按原貌施工，因為與相鄰一所中學的一場官司懸而未決，被迫停止工程已近十年。走到圍牆裏邊，站在地下構築剛待完工即遭廢棄的中南劇院舊址，只見地下室部分臭水四溢，地面施工現場亂石堆積——昔日歌舞弦管繁華之地，如今老鼠蚊蠅孳生之所——《紅樓夢》裏有「衰草枯楊，曾為歌舞場」的句子，那還是古典的浪漫主義，工業社會中的荒涼廢棄之景，自然是農業時代文人不能想像得到的。

中山大道，往大智門火車站方向，上車站路，右轉，入天聲街，即「天聲市場」。穿過兩邊的菜攤子、肉案子，行幾步路，便至赫赫有名的越劇演出中心「天聲劇場」，現在已改為一間餐飲娛樂室。「天聲劇場」建於一九一八年，先名「天聲大戲院」，當年來此演出的有京劇名角黃桂秋，評劇名角芙蓉花、喜彩霞、白玉霜，越劇名角筱靈鳳、黃笑笑、玉牡丹、戴忠耀等。一九四九年後，武漢市成立越劇團，邀請江浙知名藝人來漢定居，從此，天聲劇院的越劇演出便聚集起漢口老租界區一批江浙籍市民，形成固定觀眾群體，上世紀六十年代初，為天聲劇場越劇表演的鼎盛時期。站在人語嘈雜、環境汙穢的小街上，從昔日劇場大門朝裏望去，依稀可見那一間小小舞臺，想像饕餮間隙之中臺上的爛俗歌舞。這裏曾經上演過越劇精典劇碼《紅樓夢》、《情探》、《小忽雷》的地方，想起當年武漢市越劇團眾位姐妹花傾情演出，不知癲狂了多少戲迷。金雅樓、金月樓、金梅樓、玉牡丹、華姿……一串串香豔柔婉的名字。如花的美眷抵不過似水的流年，撫今追昔，令人嗟歎。

漢口友益街上的人民劇院，距離天聲劇場只有數百米之遙，兩家劇院的命運天差地隔不同——一九九九年，武漢市有關方面投資近千萬元對劇院進行整體裝修，二〇〇三年冬開業唱戲，重拾舊漢口「戲窩子」的風流蘊藉。劇院建於一九一四年，初名「大舞臺」，一九一七年更名為「共和升平樓」，一九三三年又更名為「明記大舞臺」，民間仍俗稱「漢口大舞臺」——中國傳統戲樓的建築特色，及至上世紀中後期，半圓形高下兩層觀眾席仍然為長條式木質靠背椅，其風格樸拙風雅，為武漢獨家。二十世紀上半葉，來此獻藝國內名角多不勝數，其中最為著名的表演藝術家有梅蘭芳、周信芳、程硯秋、荀慧生、尚小雲、馬連良、譚富英、李萬春、蓋叫天、姜妙香等。一九五一年，梅蘭芳又一次乘火車抵漢，當晚，在人民劇院演出著名京劇摺子戲《貴妃醉酒》。記得上世紀六十年代末，我陪同母親，乘一輛三輪車，由循禮門翻鐵路來這裏觀看北京京劇三團楊秋玲一行的精湛表演。

由湖北劇院側翼上彭劉楊路，然後經解放路，轉大成路右拐直角走進首義公園路（這是一條死路，前面無路可走），仰面蛇山山坡上，隔長江大橋與黃鶴樓背向而立的這一幢中西混合式建築物便是曾經有點名氣的黃鶴樓劇場，現在名「楚遊宮」——一個太俗爛的名字。走近前去，依山勢修築的石階上有三隻野狗在爭鬥玩鬧，石階端處，大門鐵鎖緊鎖，偌大的一幢建築物，寂無人聲，寂無人跡，入冬後的蛇山，山坡上荒草叢生，山坡下，行人稀少的路邊有幾位老者閒坐。老人說到：自從黃鶴樓劇場改名為「楚遊宮」（即所謂的「餐飲娛樂場館」）後，長年未見其經營起色，之所以管理者已經放棄此處的生意往別處去發展了。

「早就關門不做了！」老人大聲說。

黃鶴樓劇場：初名「共和大舞臺」，一九五〇更名「湖北地方劇場」，一九五六年更名「黃鶴樓劇場」。一九二四年，劇場建成之時，此地未建長江大橋，蛇山腳下本是商業集貿繁華之地，劇院當年的風光自不消細說。大橋建起，天塹變通途，車輛行人從此由江上過往，長江大橋引橋由黃鶴樓劇場背面經過一直延伸到武昌閱馬場才止住，三鎮之間過往的公車多半不在引橋上停站下人，如果有人想去劇場看戲，非得由我上述的行走路徑，即從閱馬場轉彭劉楊路，繞一個大大的圈子才成，自然交通十分不便——這就是黃鶴樓劇場垮掉的原因：數十年間的時過境遷，將通衢之市演變為「末路窮途」，自古商貿興隆起始於水陸路徑，也就是「一損俱損、一榮俱榮」的意思。今天，在長江江邊，蛇山山坡上，老劇場頹廢了它滄桑的容顏。「關河冷落、殘照當樓」，眼前風物，宛如古畫。我們轉身，背對了它，乘摩托穿街出巷，朝熱鬧喧嘩的市中心飛馳而去。

大劇院

一九五六年，我家搬到循禮門，循禮門一帶幾乎是一片荒蕪，除了一些低矮破敗的民舍。一九五八年，解放大道靠京廣鐵路的一邊開始破土施工，一年之後奇跡般地矗立了一幢建築，這就是武漢三鎮最大的劇場武漢劇院。那時，我家就住在武漢劇院對面的報社宿舍裏，隔了解放大道和它不遠地相望。

之前，武漢尚有幾家劇場，例如漢口蘭陵路口的中南劇場、民眾樂園裏的大小劇場、清芬路的漢劇劇場「美成」、前進四路口楚劇劇場「大眾」、武聖路附近的評劇劇場「和平」、天聲街裏的越劇劇場「天聲」、友誼街的京劇劇場人民劇院，以及後來的武昌閱馬場的湖北劇場，但是沒有一處能夠與武漢劇院相比。劇院採取古希臘神殿正方立體建築形式，特別是正面幾根高大的銀灰色的立柱，拱托出一派與四方環境迥然不同的超脫凡俗的氣氛。灰白色麻石砌成很矮的透空花圍牆，輕輕一跳就可以翻進綠茵如織的花園裏，穿過花園，走上寬大平曠的數級臺階，拉開明亮的大玻璃門，就是外間大廳。鑲花的水磨石地面光滑如鏡，桔黃色的燈光從高高的穹頂撒下。走進到暗紅色座椅的演出大廳，天棚的燈光漸漸暗了下來，玫瑰色的絲絨大幕朝兩邊緩緩拉開，音樂從樂池間響起，也就在那一瞬間，觀眾席上的灰姑娘變成了公主。

六十年代初期和中期，武漢劇院幾乎成了我們那個宿舍大院的孩子的第二個學校，在那一段時間內，凡是在劇院上演的無論是話劇、歌劇、舞劇或者是戲曲，我們幾乎都要去觀看到，幸好那時候的孩子功課不太緊。沒能看到的劇碼當然也有，於是便成為終身無法彌補的憾事。那一年，蘇聯芭蕾舞大師烏蘭諾娃訪華，在武漢劇院作觀摩演出，僅僅的一場，並不對外售票，要弄到一張入場券真是得有通天的本事。宿舍大院裏只有一個小女孩非常幸運，她父親是報社的攝影記者，特許出入攝影時帶了女兒同去。記得那一晚，我們其他的女孩全都很沮喪，看著對面大劇院門前一片燈火輝煌，那裏正在演出烏蘭諾娃的經典舞劇《天鵝湖》。不過，幸運的日子終歸是多數，幾年之中，我觀賞了好多在當時十分優秀的劇碼。譬如由武漢話劇院演出馬奕主演的話劇《克里姆林宮的鐘聲》、武漢歌舞劇院演出吳杏華主演的歌劇《劉三姐》、遼寧人民藝術劇院演出李默然主演的話劇《第二個春天》、瀋陽話劇團演出的話劇《兵臨城下》、杭州越劇團演出的大型古典戲《沈青傳》……。

那一些日子裏，我們這些女孩子真是入了迷，為了買到一張入場券，我們可以坐在武漢劇院的矮圍牆上等待三四個小時。在我的心目中，這個劇院是最漂亮的最恢宏的，只要能夠面對大舞臺坐著，全身心地沉浸在那一種直接感受近距離交流的藝術氛圍裏，是我年少時期貧寒生涯中的最大的幸福。

一九六五年，全國上演大型音樂舞蹈《東方紅》，武漢市也不例外，這時候人們才驚異地發現武漢劇院的舞臺居然不夠用，台口太窄，最初的設計者蘇聯專家大約沒有考慮到之後中國的政治需要。當時我曾經真心地為我最喜愛的劇院歎息，雖然那時我還沒能夠瞭解到世界上例如象莫斯科大劇院的建築規模。一九六六年文革始，全國所有劇團一律停止演出，武漢劇院終於徹底的門庭冷落，此後十年間，我再也沒有進去看一場好戲。

武漢商場

友好商場，武漢商場，武漢國際廣場（武廣），都是這家商廈的名字。

曾經漢口城區以京漢鐵路為界，鐵路以南是市區，稱為「鐵路裏」；鐵路以北是郊外，稱為「鐵路外」。早些年，漢口人吃喝玩樂的去處都在鐵路裏——江漢路和六渡橋——江漢路有個中心百貨商店，六渡橋有個民眾樂園。那時候，京漢鐵路以北只有幾所醫院和幾間工廠，除此之外是大片湖泊和沼澤，湖沼旁邊搭蓋的茅屋。一九四九年後，解放大道橫貫漢口北郊，再之後沿著這條大馬路開始了新城區建設。一九五六年，我家搬到循禮門鐵路外，看見的景象還是很荒涼。

一九五九年，國慶十年，北京興建「十大建築」，武漢興建中蘇友好宮及周邊建築群，從循禮門到中山公園到航空路，解放大道兩邊面貌燦然一新，武漢劇院、友好電影院、友好餐廳、友好宮、友好商場、武漢飯店，都是那期間建成的。

中蘇友好宮，後來改名武漢展覽館，和中山公園隔著解放大道正面相對，友好宮一側建起友好商場，一座比中心百貨商店規模大得多的大商廈，今天才從網上查到是當時中國第二大商場，真是了不得！

只記得我家買東西先前老是翻鐵路去中心百貨商店，後來除中心之外也會沿解放大道去友好商場，搭車也方便，家門口三路電車，五分錢一站，友好商場對面下，過街進商場，樓上樓下六層，吃的用的穿的玩的，樣樣商品一應俱全，百貨商點模式，二十世紀整一百年，中國大商店統一的經營方式，滿足低層次民眾的日常需求。

友好商場後來改名武漢商場，武漢人最熟悉的就是這是這個名字，上世紀中後期，武漢商場和武漢人的聯繫十分緊密，尤其是像我們這樣住在它周邊附近的武漢市民，在娛樂場所有限的前一二十年，幾乎每一個星期天和節假日都要來這裏逛一逛，那幾年，逛商店是中國人休閒娛樂活動的重要的部分，譬如最愛逛商店的我。商場側面有個電影院，逛店順帶看電影其樂無窮，七十年代末在這裏邊看過《巴黎聖母院》。

幾十年，在這個商場，進進出出多少次也不記得了，買過多少東西也不記得了，揀幾件印象深的事說說。

很早以前在工廠做工，一年到頭三班倒很辛苦，廠裏有個漂亮女孩調去武漢商場工作，一天在商場大廳看見她，衣著整潔裝扮入時地站在櫃檯後面，當時心裏真的很羨慕——當我年輕時，能來武漢商場當營業員是年輕女人的夢想中的職業。

有一年，帶兩歲大的小女兒逛商場，一樓西邊的絨線櫃檯，突然發現女兒不見了，從腿邊不知溜到哪裡去了？這麼大一個商場，東南西北數十個櫃檯，只見商品琳琅人頭攢動，一個小小的孩子真不知上哪裡去找？沒辦法只好跑到東側門廣播室求助，不一會整個一樓大廳響起了「請顧客注意身穿白色罩衣的兩歲女孩，看到後請送到廣播室，她的媽媽在那裏等候。」

後來我跑到西側門找到扶著牆壁準備跑出商場的女兒，依然到廣播室表示了感謝。

上世紀末，我的大女兒洋洋大學貿易專業畢業，沒找到合適的工作前在武漢商場打過幾個月的工，三樓東側服裝櫃。那段時間，我和先生帶著小女兒，有事無事跑去商場，反正離家也只十幾分鐘的路，一來看看女兒，二來買買東西。洋洋說，她在商場站櫃臺，每天都會遇見好幾個熟人。

不光是武漢三鎮人往這裏跑，每到周日，周邊縣市旅行大巴及機關大巴絡繹不絕往這兒開，萬松園路口和武漢展覽館西側停滿，拎著大包小包的外縣人成群結隊朝商場裏頭走，東西兩側解放大道街邊行人和小商販擁擠在一起，滿街炒栗子爆米花烤羊肉串的香味。後來幾年，武漢商場樓上設餐飲店，地下設超市，吃喝玩樂一條龍，再也不用購物到半途跑到外邊去找吃找喝了。

武漢商場變成了武漢國際廣場，我的家早已搬離漢口，也還是經常來這一帶玩，但是武廣讓我望而卻步，因為不屬它今天面向的消費群體。某一天陪女兒逛進去看看，樓上樓下裝潢華麗，明亮的大廳空曠得如雪洞一般，偶爾看到一兩個衣著講究神氣活現的貴婦模樣的顧客，當年的平民商廈，今天的富人商廈，從友好商場到武漢商場到武漢國際廣場，這也許標誌著我們城市的進步。

武漢男人吃穿玩

熱乾麵情結

是個武漢男人，就得愛吃熱乾麵，不愛吃熱乾麵的，就不算是個武漢男人。

上海人，頭天剩飯白水一煮，里弄口買一根油條，回家切小段裝一碟兒，淋幾滴醬油端上桌子，一大家子人，人各一碗泡飯共一根油條，早餐吃得儉省吃得精緻。

武漢人從來都是在外邊過早（吃早餐），沿街早點攤子，幹鮮涼熱應有盡有，熱乾麵屬武漢人的最愛——尤其是武漢男人，過早，第一要合口，第二要爽利，吃飽吃好，快吃快了，趕著上班，趕著掙錢。

麵色金黃，芝麻醬噴香，蔥薑作料重重撒，外加紅辣尖椒香麻油，濃香鮮辣滿鼻滿口。趕著上班者，一碗麵拿紙盒一盛，端在手裏，邊走邊吃，穿街過巷，仰面俯首，旁若無人，是為武漢街頭一景。不趕急的，小攤一坐，來碗熱乾麵再來一根油條或是兩個麵窩，如果另加一小碗雞蛋伏汁酒，那感覺可真稱得上是「賽神仙」了。

旅遊出差，武漢女人多能「入鄉隨俗」，當地有啥吃啥；一路上「耿耿於懷」地念叨「什麼都不如熱乾麵好吃」的——不用問，那準是武漢的男人。

碼頭酒文化

武漢人喝酒，一不似南方人斯文作派，二不似北方人喧囂魯莽。聽人說：江浙一帶，五個男人共一瓶啤酒；親眼看見北地男人揮拳捋袖、吆五喝六，喝酒像是跟人打架。

武漢男人，善飲而不濫飲，「獨樂樂不如眾樂樂」，相邀聚飲，應差事或是應朋友，絕不去「紅色戀人」或是「別克・喬治」——一句話：「那裏哪裡是喝酒的地方？」

長江邊長大的武漢男人，碼頭即江湖，南來北往的事經得多，南來北往的朋友交得多，處變不驚，見怪不怪，喝酒不為酒，圖的就是個交情熱鬧。三五七八好友，只要高興，走到哪兒喝到哪兒，不醉不歸，一晚上定要喝個盡興。三鎮大小酒樓，沿街大小排檔，夏天喝啤酒，冬天喝白酒，「香辣蟹」、「香辣蝦」、「湖南熏肉」、「剁椒魚頭」，酒辣菜更辣，不辣不過癮。你敬我我敬你，一邊喝一邊侃，街頭巷尾，同生共長，隔半個城，談講起來也是個「街坊」，土話昵語段子調笑交融夾雜，外地人說：「聽不懂」，席間氣氛溫馨熱辣全憑感覺。

走在武漢街頭，如果看見一男人西裝革履、脖子上周周正正套一條領帶，你可以立馬斷定這絕對不是武漢的男人。

武漢男人，性格隨和、舉止隨意、行動放達、不耐拘束。著裝也一樣，夾克杉、套頭衫、T恤、襯衣、休閒褲，親切、灑脫、悠閒、慵懶。對於他們來說，衣服穿在自己身上不是穿在別人的身上，舒適的感覺是第一重要的。正因為如此，他們捨得在足下花錢，從早到晚，勞碌奔波，一雙製作精良軟面軟底的真皮名品鞋自然成為武漢男人裝束的必備。

武漢的夏天是最令武漢男人頭痛的季節，那怕是高溫躥到了四十度以上，上街、上班，出入任何公共場合，襯衫、長褲、襪子、皮鞋，從頭到腳還得一樣不拉、一絲不苟、嚴整規矩。眼看著女孩子短裙、熱褲、緊身衣、吊帶衫、拖涼鞋，露肩、露臍、露背、露腿、露腳趾頭……那一段時間他們心中簡直是「憤怨難平」——前年盛夏，一男子身著背心短褲、腳靸塑膠拖鞋勇闖漢口時尚商都「武漢廣場」，遭遇保安攔阻後力辯：「女人穿（拖鞋）得，我穿（拖鞋）不得？」——理由雖然「橫蠻」，但也代表了武漢男人的「心聲」。

玩家

總結武漢男人的休閒方式是：長假旅遊、短假淘碟、工餘電玩、待家看球。

武漢男人出門旅遊，自然是走得越遠越好。市內一日遊或是自助遊，回應者多數是外地人，沒聽說有誰逢休假領著老婆孩子上黃鶴樓或是龜山電視塔的，「自己的地方，沒有玩頭！」武漢男人口邊上的話。國內走，西藏當屬近幾年「驢友」熱線之首選；國外走，去年有一朋友，過春節嫌武漢冷，攜著夫人去了趟南非。

週六周日，武昌漢口，最熱門的商家數電腦市場，淘配件、淘設備、淘碟……人頭攢動，熙熙攘攘，十個中十個半是男人，看的人比買的人多。來得多了便成了朋友，切磋技藝、交流資訊、探討發展。反正是技多不壓身，有了內行指導，一台破電腦拆拆裝裝七八上十次；有一「發燒友」小聚合，就是淘碟時認熟的，現代音響，古典音樂，聊起來可以三天三夜。

至於電玩遊戲，那更是小兒科。武漢男人天性不長大，自己念小學玩起，一直玩到自己的兒子念小學。

看球，是最具男人味的一項娛樂了。每逢重要賽事，若是在武漢舉行，半個月前就開始張羅購票，邀伴結夥，臨到開賽那天，男人們拋家棄子聚嘯一起，精神抖擻、意氣風發，直奔賽場而去；若這賽事在外地或外國，不能親身前往助戰，那一日霸在家裏的電視機前也像做了官似的，頭昂得高高的，臉板得酷酷的，平素日怕老婆的，今日那怕是天王老子也得給我靠邊站——看球！

這就是武漢的男人。

雲裳曲

張愛玲的一篇《更衣記》將中國人的著裝史從十八世紀一直敘述到二十世紀四十年代中期，五十年代之初，她去了美國，對於服裝可能興趣依舊，只是再也不能真切地去腳踏實地地瞭解中國了。二十世紀的下半葉，中國人依舊在穿衣，上半個世紀的繁華風流雖然不在，但卻也有一段起伏迭宕的悲歡苦樂。

我的母親有一位女友積攢了一大箱子舊時衣，當她有一天在我面前把那一大堆衣服翻弄出來在床上鋪得千姿百態五光十色，那一下讓我穿越了時間的厚重幕牆，在淡淡的樟腦丸的氤氳中回歸我不曾經歷過的日月，那一股帶著清涼的香味總是讓人墜入久遠的溫馨的思緒。四十年代末，中國裹脅在戰爭的殘餘的煙雲中，大中城市不同，一掃抗戰八年的陰霾，笙簫管弦地奏起了盛世太平的樂曲，江南絲竹的餘音嫋嫋中又是一番富貴榮華的世家金粉氣象。國民政府遷回南京，江浙一帶的達官富戶重新如魚得水，百年洋場增添了幾縷從山城重慶時興起的醉生夢死的妖嬈和奢靡。那是一個迴光返照的時代，如下山的落日，光亮射得又軟又金黃，雖說只能是一瞬間的事。

不變的是旗袍，變的是漸漸短起來了的下擺，女人白白的腳踝和小腿坦露無餘，不再只是從邊衩間作驚鴻一瞥。西式連衣短裙伴隨著好萊塢的電影風行在學生和洋行職員中間，當時最流行的影片是《出水芙蓉》和《鴛夢重溫》，最流行的裙子式樣是扣在頷下的小翻領，束腰大圓擺，裙擺齊膝下三寸。旗袍的最佳配檔還是西式長大衣，或是呢或是毛，聳肩圓領或是青果領，全幅裝扮時，女人顯得莊重華貴，消魂的時候是脫下大衣的那一刻，外面的盔甲一解，下剩的旗袍纖巧秀媚的等同內衣，何況中國的錦緞光滑絢爛柔軟得花朵瓣一般與女人合為一體，與粗而硬厚而挺顏色沉著的呢料毛料外套形成反差，給人低首徘徊的回味。

一九四九年後緊接著抗美援朝戰爭（韓戰），國家很艱苦，革命的氣象飽滿高漲，民眾的情緒普遍高昂，服裝更是時代的象徵。五十年代初最流行列寧裝，從蘇俄軍服式樣翻改過來，灰色布西服大翻領，前襟雙排扣，同色寬腰帶束腰，頭上配頂八角有

漢口里弄住宅中的旗袍女人

簷灰色軍帽，身材相貌好的女子穿在身上顯得很英武，於是成了國家女機關幹部的規範化穿戴。

母親年輕時是個美人，她可以將列寧裝穿出最清純最秀麗的神態，所謂衣服隨人便有了生命，看著那一張黑白照片中的昔日的倩影，只覺得那一件千篇一律的灰布幹部服已經靈動動地活了起來。平常女子依舊穿旗袍，工農婦女依舊穿斜襟短衫和長褲，女子著褲興起於清代滿人旗裝，沿襲至今。那時候全世界的女人還都套在裙子裏頭，西方社會認為長褲對女人不敬且有傷風化，看到中國婦女的裝束，很鄙視地稱作「穿長褲的中國女人」，誰能想像得到等不到十年之後女式長褲風靡世界各國。這幾年的都市，掛著風燈鋪著藍色呢氊子的轎馬車在馬路上蹣跚行走了最後的一段時日，四十年代的服裝流行式樣也在作最後的苟延殘喘地掙扎。明明知道沒多久的氣息可活，但是依然留戀著地一步三回頭地不忍離去。

漢劇名伶陳伯華

（攝於上世紀四十年代）

這段時期的男人們一反服裝守舊不愛趨時的常態，變化得快極了，長衫馬褂即刻脫下，西服穿得也不太自在，民國初年興起但並非特別流行於眾的中西合璧藍色中山裝一夜之間遍及全國各個城鎮的上下各階層，男人們穿得幾乎有些迫不及待，力圖借此來表明自己順應歷史潮流的立場，特別是在權力更迭時期，他們很清楚任何一處的細微末節掌握得當的奧妙。

一九五三年，蘇聯向中國提供了一批物質援助，是一大批紅花綠葉的大花布，當時上邊以感謝「老大哥」的名義號召市民尤其是機關幹部踴躍購買，連女人都嫌太花哨做衣服不好看最後買來做了被單，可是有知識階層的男人買了做襯衣，花紅柳綠地穿了去穿行街巷。那不是穿衣服，那正是他們獨自的表現形式，任何時代的任何類型的表現形式都會隨時代旋流而不拘一格。

西服和旗袍繼續艱難地渡過了不多久的艱難歲月，先前的特權階層的消失，社會推崇的是工農大眾，華服錦袍被視作資產階級和其他剝削階級的象徵，五十年代末的都市，大街小巷終於消失了西裝旗袍的蹤跡，在老照片裏它們代表了那一個逝去的時代，舊而落伍，發黃、晦暗，畏畏縮縮地壓扁在老祖母的樟木箱子的底下。從這一天起才可以說是舊的時代徹底的過去，服裝代表了一種精神，一種觀念，一種意識，只有當這舊的一切都徹底消失，那麼，新興的一切才有可能到來。

雲裳續曲

五十年代中期，社會相對的安靜，艱難生涯之間的一段些微的喘息，天是藍的，陽光金金地照著，廣場上飛著鴿子，宣傳畫裏的女人和兒童紅撲撲的臉，健康而美。蘇聯電影蘇聯小說蘇聯音樂，蘇俄文化以強悍的勢頭鋪天蓋地地複蓋了中國大陸，同時也交匯融合進新舊時代過渡時期的中國的服裝業。人們談論著高爾基烏蘭諾娃和柴可夫斯基，談論著蘇聯的衛國戰爭和集體農莊，收音機裏傳來蘇聯的國歌：「我們的祖國多麼遼闊廣大……」那一個國度在那時的人們的心中，美麗浪漫而神秘，是新生的共和國理想中的烏托邦，似乎擁有著人們夢想的一切，自由、平等、幸福和安寧。我有一個朋友曾經對我說她真想回歸到五十年代中去，她說那真是一個單純而美好的年代，如那時期的蘇聯小說。後來我們都知道完全不是這麼一回事，那只是我們一廂情願的夢。

不過到底還是保留一點對生活的追求，蘇式的服裝畢竟迎合了新的時代的需要。歐化了的翻領女式上裝和西式女褲，西式連衣裙（俄語叫著布拉吉）和西式半截裙風靡全國，雖然整件衣服的樣式十分簡潔，裁剪也並不精細，只需要用裙帶勒住腰部便算是重視了女人的曲線，最突出的部位在於裙擺，分為圓擺斜擺大折和細折，撒開來活潑中露出幾絲嫵媚。中式服裝逐步改良，斜襟的女褂逐步淘汰最後演變為對襟短褂，大多限制於冬天做襖子，這種對襟舊式樣棉襖先是布鈕扣後來是人造玻璃扣，不厭其煩地一直穿到八十年代，穿去了我們這一代人全部的青春的歲月，直到被羽絨衣和真空棉襖取替。單一的重複，時間久了就咀嚼得淡而無味，很多年裏我們都在咀嚼著這些饃，已經忘記了很多的別的有趣的事。

我猜想絨線織物大抵也是由那時期廣泛地傳播，羊毛編結漸漸取代了挑花繡朵納鞋底一類的針黹女紅，毛絨線很舒適很柔軟地隨著女人的手指蜿蜒纏繞，過不很久就能翻弄出一片經緯交錯的塊面，在閒適的光陰裏滿足她們一點點小小的隨心所欲的情感。很記得母親的一件果綠的羊毛開衫，在陰晦的日子裏映了暈暈的柔和的光澤。

時光在過去，進入到六十年代，災荒的恐懼從城市的每一個角落裏悄悄地退縮，吃飽了肚子的人們奢侈心也在悄悄地恢復，毛呢服裝不顯山不露水地登場，男人拿來做中山裝女人拿來做大衣，或是灰或是藍或是黑，做成很樸拙很不出眾的樣式。即使是粗衣布服花樣也多了好些，一片灰藍色的人眾裏偶數跳出幾點鮮亮的紅色黃色綠色的裙衫，還是有一些愛打扮的女人敢於與眾不同的穿戴，沒有誰去過問，那時候還沒人去干涉旁人無傷大雅的喜好。

一九六六年的天地翻覆也就不必細說，誰都知道在那十年之中最時髦的服裝是一身草綠色的軍服，男孩子和女孩子千方百計地期望能夠讓自己看起來更豪強一些，因為那是一個可以用暴力施虐換取短暫的權勢和權威的年代，是一個可以用幾句言語將人們的思維扭曲得畸形和怪誕的年代，從對於這種單一服飾的狂熱的癡迷中可以瞥見一點影子。除了一批激情四泄的孩子而外，下剩的民眾只敢穿最粗糙的藍布衣，整個中國一幅相似的愚蠢的面孔，「藍螞蟻」的外號由此而來。

六十年代中期的這一股狂潮衝擊到全世界，時裝之都巴黎掀起了一九六八紅色學生騷亂，法國的學生也在懷疑一切，矛頭所向與中國有些不同的地方。

轉眼是七十年代了，紙上寫得輕巧，生活中卻有一番死死生生的感慨，是撥雲見日的那般歎息。太久地與世隔絕，禁錮得如同囚徒，看見電視裏什麼都感覺到新鮮驚奇有趣。總算是趕上了世界七十年代的時裝潮，一夜之間，喇叭褲長披髮手提答錄機招搖了中國的大小城市，如今回首，只嚐到酸澀如青果子的滋味。一切都在湧進來，一切都在恢復到舊有的過去，歷史在這裏出現了螺旋式的重複，盤旋環繞的過程讓人們獲得恍如再生的興奮。男人的西服女人的超短裙統率了八十年代的時裝總趨勢，千人一面的西裝和千人一式的短裙，表現出未從規範化程式化的套子裏脫出來的幼稚心態，落在旁人眼睛裏應該是很好笑的，但是我們還是執著堅韌地守住這剛剛占住了的一塊陣地，即便是如此也是來之不易的。

路就這麼山重水複柳暗花明地走下去，以為前面只是懸崖絕壁，不想終於看得見人家了，「墟裏上炊煙」，終於有了一些兒人氣。服裝算不得治國平天下的大事，若是和人們的心人們的感情緊緊的扭結在一起，即使有的時候僅僅只是一條汩汩流動的暗河，地層表面雖說紋絲不動的，但是岩石下仍然有浪花在迸濺。

今後的日子必定是很光明，世界由黑白變為五彩，由單色變為多色，想必會就這麼樣的下去。我們經歷了那麼多的苦難，曾經是那麼的不自由，在一大片規範模式的眼光地籠罩之下。我親身等來了我曾經期望的，我曾經以為這一天不會來。我還沒有老，滄桑滿目地走過繁華了的都市，走過二十世紀之末，儘管我親歷了這麼多，我的心告訴我說，我還沒有老。

2010年漢口中山公園cosplay女孩

京漢鐵路以北

一九五六年，我的家從勝利街搬到京漢鐵路以北，循禮門江漢北路路口新蓋的報社宿舍，距離鐵路很近。

宿舍大院的院門正對著解放大道，當時武漢市最長最寬的一條馬路，馬路對面是劉園，清代漢口最大的私家園林，但是早已經在天災戰亂中頹毀，我搬到來的那幾年，只看見幾棵枝葉茂盛的大樹被一圈厚厚的灰磚頭牆牢牢地圈起。

園子的主人名叫劉歆生，漢口最大的地產商，當年的氣派真是威威赫赫，京漢鐵路以北，上自舵落口、下至丹水池，四分之一的土地都是他的。上世紀初，他把江漢路（舊名歆生路）從長江邊的英租界一直修到京漢鐵路以北的循禮門他家的花園門口，從此，京漢鐵路南北兩邊的城區連結一片——自然，這樣一些陳年往事，很多年之後我才知道。當時劉歆生也許是為了自家人方便，結果順帶也方便了別人。

記得很小的時候，一個人，過馬路、過鐵路，從京漢鐵路北邊走到京漢鐵路南邊，順著江漢路，走到中心百貨商店，前面不遠，看見中山大道上的人流和車流……那一天我六歲，那一天我的想法是到江漢路的盡頭長江江邊的辦公樓裏找我的父親和母親，雖然那時我很小，但是心裏很清楚，過馬路，過鐵路，只要沿著江漢路，朝前一直走，一定不會錯。

京漢鐵路和江漢路相交處，是一個很寬闊的道口，行人走到這裏，常常被南來北去的火車欄住，等上很長的時間——哨子響了，閘欄放下，尖銳的汽笛，蒸汽機車頭噴出濃濃的白氣，轟隆轟隆的車輪聲，長長的列車，從你的眼前飛駛而過——今天，鐵軌北移，過去的京漢鐵路，變成今天的京漢大道，走到十字路口，過去和現在重疊，

上世紀五十年代，從我家拐彎，往江漢北路的深處走，路邊有湖，夏天，滿湖荷花粉色的花瓣，又大又圓的荷葉層層疊疊，清香的氣息隨風飄出很遠，湖裏還有木船，有人撐著篙，船在荷花荷葉間輕輕地劃動。幾年之後，湖泊填平，建起房屋，路面鋪上柏油，從此沒有荷花和荷葉。

一九四九年前，江漢北路叫梅神父路，因為在它之先建了一家醫院叫梅神父醫院，然後修建梅神父路，和劉園門口的江漢路相連，後來，醫院改為傳染病醫院，路名改為江漢北路。我的家，在這個路口，住了十一年，十一年裏，從來沒有人告訴我這些過去的事，那時候，下一代人和上一代人時空隔絕。

南洋煙廠和劉園隔一條江漢路，煙廠的牆外有一片空場，聚集著天南地北來漢口的買

藝人，民間草台班子，雜耍、魔術、戲曲、曲藝，每天傍晚露天場子輪番演出，場子上擠得滿滿的看熱鬧的人，像是在趕廟會。很多年之後的循禮門大福源超市，就是建在當年的這塊空場子上。

一九五六年建成江漢工人文化宮，最早叫「友好電影院」，不僅放映電影，還演戲劇，也有文藝表演，經常用來作會場，孩子們感興趣的當然是電影，五分錢一張電影票，木頭翻板椅子，紅色絲絨大幕，大幕兩邊拉開，劇場裏的燈光暗了，孩子們的喧鬧停止，銀幕上黑白和彩色的光影，給我生命最大的歡樂。這家影院至今還在，但是早已經不再放映電影。

住家大院隔壁不遠，解放大道旁邊，曾經有一片很大的荒地，大片青色的草，草叢裏有野花，有黃的有白的，草叢裏還有蟲，有蚱蜢有蜻蜓，大院的小孩常常約著來草地上玩，摘野花，捉蟲子，蜻蜓捉回家來拿一根線栓住。一九五六年建青少年宮，之後十年，學校組織參加少年宮的活動多次，只是，童年的草地永遠記憶深刻。

一九五九年，武漢劇院在我家大院斜著的對面落成，之後四十年依然是武漢市最大的劇院。建成當年，迎來蘇聯芭蕾舞蹈團訪華，記得那一晚，劇院燈光輝煌耀眼，門前臺階亮如白晝，因為沒有入場券，我和芭蕾大師烏蘭諾娃的《天鵝湖》擦肩而過，那一個年我九歲。不過，高興的時候是多數，後來很多年，我進到劇院不知有多少次，觀看各種演出，歌劇、話劇、戲曲——這樣一種詩性的教育，不是每一個生長在漢口的孩子都能夠享受到的，也許該感謝我住家的地方。

一九六二年考入武漢六中，每天清早，天不亮起床，沿解放大道走著去學校，晚上，沿原路回家。一路經過三個公車站，循禮門，西馬路，球場街，那時候，解放大道已經通電車，但是，那時候的孩子上學搭公車的不多，捨不得車票錢，就這樣，每天沿解放大道走，每天經過三個車站，整整走了三年。

循禮門，我住家的地方，最早，是清代漢口北部的一個城堡，當初為了阻擋從北方來的侵略。一九〇五年，修築張公堤，漢口北部湖區乾涸成土地，城堡也失去了最初的用途而被拆毀，沒有了人為的阻隔，漢口城市空間可以自由地向北面大範圍地擴展，最後只留下一個地名，算是對漢口早期城市創建歷史的一個紀念——從江漢路和京漢鐵路相交的鐵道口，到江漢路和解放大道相交十字路口，方圓一大片地區都屬於循禮門，幅射面積十分廣闊。

西馬路作為的地名出現，比循禮門要晚。一九〇五年，六國西商集資買進漢口東北角劉歆生開發的地皮，西北至惠濟路，東南至解放大道，東至永清路，西止於澳門路，占地八百畝，建起西商跑馬場，也叫「六國洋商賽馬會」，鼓勵華埠居民參與賭馬，「每逢開賽之日，漢口市民萬人空巷」，場內「人聲鼎沸，萬頭攢動」，從循禮門過京漢鐵路，來看馬賽的漢口人，踩出了一條方便過往的道。因為路在西商跑馬場的西面，所以叫做「西馬路」。上世紀末，西馬路和香港路相連接，解放大道和建設大道從此縱橫貫通。

球場街的起名，據說洋人在這裏建過網球場。我來這裏的那一年，不見了洋人，也不見了網球場，只剩下一條與「球場」有關的街，還有一所與洋人有關的學校——一九〇三年，德國傳教士來這裏創立德華學堂，當時是一片荒僻窪地，鄰近取土填高成房基，建校木材從德國運來，一戰後，由義大利天主教會接辦，改名上智中學，一九五三年改名武漢市第六中學，也就是我讀書的學校，紅磚頭的老房子和春天的櫻花校園——因為有了這一所學校，才有了通往學校的路，才有了這一條球場街——球場街的記憶其實是上學讀書的記憶，誰能忘記小時候走過的路？

時光過去得飛快，看不見它走過的痕跡，雖然我們都很想看到。

任冬街

漢口無數條老街巷之一，說它是條街，其實比一條巷子寬不了多少，不算長，但是很直，街面並排能擠三輛三輪車，街的這一頭連通自治街，另一條連通民主一街，三條街相交呈一個「工」字——曾經，我的家就住在「工」字相交的那一個點，屋子在自治街邊，大門朝著任冬街開。

出門上街，去中山大道六渡橋，任冬街自然是必經之道，回家也一樣。印象最深的是在夜晚，從六渡橋那個方向回家，走到民主一街邊的任冬街的街口，視線穿過一整條街，遠遠地，家的燈光，在街的那一端閃爍，就這樣循著燈光向前面走，身子兩側的街景也融進了溫暖的夜色。

木牆板，黑瓦頂，木閣樓上晾曬的衣服垂到行人的頭上，從早到晚兩扇大門朝街上打開，一日三餐在門口街邊擺小桌吃飯，一年四季衣衫不整拖鞋靸襪在街上行走，長年累月挨家挨戶都在拆卸廢銅爛鐵，空氣中飄著煤油浸泡機器零件的那一股鐵腥氣，今天還殘留在記憶裏。

常在任冬街上走，年數久了，街邊的住民也就看著人熟了，我不認識誰，但有人認識我，不知道我的名字，就叫「洋洋媽媽」——洋洋是我的女兒，小的時候，她的姑姑和她的表姐常常領著她在這條街上玩。

當年，我的公公健在時非常好客，家裏的大門常年對街敞開，有幾位老人，是任冬街的老住戶，每天，抱一壺茶，閒閒的步子，從小街裏邊走出來，跨過自治街橫馬路，來到我家，閒坐聊天，一聊一個上午或是一個下午，天南地北，談古論今——這「古」，也就是一九四九年前；這「今」，也就是一九四九年後——話題繞不過這上下五十年，因為是他們人生中重要的一段歷史，興衰和哀樂，他們之後，再也無人言說。

這一帶街區在老漢口屬貧民區，也就是所謂的「下層社會」，貧苦人居住的地方，和老漢口其他的街區例如租界區、模範區等，是社會身份高下懸殊的兩個世界。

任冬街是老漢口著名的「荒貨街」，收售「破爛」，買賣廢舊物品。即便是這一行的買賣也有分類，不同的廢舊物品經銷的地點也不同，而任冬街主要做汽車零部件的生意，也就是廢舊五金行。破汽車拉回來，拆卸開來，從引擎到軸承到螺絲釘，分門別類拾掇好了，然後分門別類賣出去。

因為經營的這個「行業」，這條街上曾經發生過一些故事：一九三八年，日本人佔領武漢，中山公園附近街邊的電線常被人竊走，日本人一口咬定任冬街是銷贓點，在街上抓十幾個做「荒貨」生意的居民到憲兵隊嚴刑逼供也沒問出個結果。一九五〇年，有人在街上拆卸器械，引起爆炸，當場炸死三十二個人，炸毀房屋三十二間，幾乎毀掉半條任冬街，後來猜測是一枚魚雷，戰爭時放置在長江水下，被人撈起來當作廢鐵賣到任冬街，於是釀成慘劇。我來自治街時，已經是上世紀七〇年代了，這一帶的老住民只要提及這件事，心中猶有餘悸。

任冬街在漢口曾經也發達過，上世紀三四十年代，小街兩側，除了「荒貨」賣買之外，還有好幾家茶館，隔扇門窗，木凳木桌，大銅壺白茶碗。喝茶的，多半是做「荒貨」生意的。喝茶、打牌、聽書，潘福記茶樓的湖北評書在當時非常有名。由說書藝人組織的漢口市評書宣講公會的會址也設在這一條窄窄的直直的小街上。

說是「貧民區」，但是街上的居民並不都是「貧民」，挨靠著武漢一中院牆的那一側，街邊立著好幾幢「洋樓」——磚木結構的西式小樓房，樓房的主人就是每天來我家閒坐的老頭中的一位——也是做「荒貨」的出身，後來發了財，成了黑社會的一個小頭目，據說年輕時在任冬街獨步一方，曾經和另一派黑幫老大為了一個女人而引起爭鬥，最後打個贏手——這女人就是他的老伴，花名「新姑娘」，因為離我家近，常常也來走動，已經是年近七十的老太太了，長身俏臉，當年風韻清晰可見。

今天再來任冬街，一種熟悉的陌生感，小街還在，街邊的老屋還在，只是更顯滄桑，家家屋子的大門依然對街，只是門裏邊再也沒有認識我的人，當年的老人去世了不在了，當年的小孩長大了離開了，黃昏的漢口的夏天，小街上褥熱無比，法桐高高的投下大片綠陰，從街的這一頭遠遠地望去，街的盡頭再也不是我的家……

漢口海關江漢關夜景

華都金粉

那時候，我家住在勝利街八十五號，每一次去蔡鍔路的解放電影院或是武漢電影院看電影，父親和母親領著我，一定要從這一幢法式老洋房門前經過。想不注意到它都是不行的，在街邊它是那麼美，雕花的門閂和伸向花園的門廳，好像童話中的房子。但是，直到那一天，我才知道它曾經有個名字叫做「德明飯店」——如今，半個世紀過去，這樣一些和父親連在一起的關於漢口的片斷記憶，對我來說太珍貴。

李維諾夫別墅

俄國人是來漢口最早的一批外國僑民，早在天津條約簽訂之前。一六三八年，俄國駐中國使臣斯達爾可夫歸國晉見沙皇，從中國帶回六十四公斤茶葉作為厚禮，奉獻給當時新興的羅曼諾夫王朝。沙皇米海爾·羅曼諾夫嘗試過後，感覺味道真是好極了，對這位駐中國使臣以及由他帶到彼得堡的味道苦澀的中國草葉飲料一併大加讚賞。從此，中國開始向俄國出口茶葉。

十九世紀中葉，繁榮漢口的茶市生意，將這一批老毛子冒險家吸引到了這個中國內陸城市——他們來到中國，取代了山西茶商，直接壟斷華俄茶葉貿易。

李維諾夫的跨國茶葉生意開始於一八六〇年之前，先在羊樓洞設磚茶廠，漢口開埠後，立即在英租界買地皮建起順風茶葉公司（順風茶廠），在今江漢關附近長江邊設專用碼頭（順風茶棧碼頭），將磚茶廠從羊樓洞遷來漢口，羊樓洞水運茶葉在漢口製成磚茶，沿漢水而上到陝西，然後從包頭進入俄羅斯境內（還有張家口往蒙古及天津往符拉迪沃斯托克等路線）。

一八九六年六月，漢口俄租界建立，這是繼英租界之後漢口的第二個租界區，一九〇二年，生意鼎盛的順豐磚茶廠廠主李維諾夫在俄租界之內的俄哈路（的中段即今洞庭街六十號），破土建起我們今天見到的這幢具有典型斯拉夫風格的私人別墅。

漢口俄租界李維諾夫別墅

李維諾夫別墅離巴公房子不遠，與法國領事館花園隔洞庭街相對，清水紅磚外牆，上下三層，聳起的尖頂，拱形的側廊，凸出鐵藝涼臺，大片玻璃門廊……建在一片還未來得及開發的荒地上，周圍是花園，樹，綠草，隔著一片荒地就是江灘，在這裏，尋找俄國的記憶，田野和農莊，花園和樹木，地道的俄羅斯味道。

在武漢市現存的文史檔案裏，沒有資料顯示這位俄國茶葉富商在漢口的生活狀況，但有零星資料提及他所開辦的順風茶廠屬於當時的納稅大戶，說他經常攜帶家眷，參加租界內達官富戶舉辦的聚會，由此可見他過得很好，事業發達，生活優裕，心理滿足。

十月革命之後，俄租界撤銷，俄國富商紛紛拋棄不動產。李維諾夫死於此之前還是之後就不清楚了，葬在漢口俄人公墓（具體位址不詳），墓地今已毀。

今天，花園沒有了，江灘望不到了，三面被不斷湧出的房屋圍繞，老屋依舊立在原處，殘舊衰老，但是很美。

上世紀末始，底層開了一間酒吧，名叫別克．喬治。

一九九八年，李維諾夫的孫女從美國來中國，帶著兒子和孫子專程到武漢，探訪自己的出生地，走到漢口洞庭街六十號，沒想到老屋還在原地。

她說：「父親（李維諾夫的兒子）、母親和她，一九三七年（日本人進入武漢之前）離開漢口去美國。」

滙豐銀行

英商滙豐銀行，總行設在香港，一八六六年（清同治七年）開設漢口分行，為西方國來漢口最早的銀行之一，最初在英租界四碼頭附近建二層磚木結房屋營業，稱為第一代滙豐銀行建築。

一九一三年（民國二年），在沿江大道青島路口（一說是「原址」），興建混合結構大樓（即附樓），一九一七年竣工。隨後緊接著從沿江大道與青島路相交轉角處向右橫推，建四層鋼筋混凝土結構主樓，由上海公和洋行設計，一九一四年開工，基礎完成後，因歐戰（一戰）停建，一九一六年復工，一九二〇年完成工程第二期，即主樓建築。

漢口沿江大道英國滙豐銀行

整幢大樓占地三千五百九十一平方米，建築面積一萬〇二四十四平方米。

上海英籍工程師派納設計繪圖，漢協盛營造廠承包修建，全部建築費及各項設備費共計白銀一百萬兩，（另一說為一百二十五萬兩），這就是我們今天看到的沿江大道滙豐銀行大樓，滙豐銀行第二代建築。

典型的新古典建築，主樓地上三層，為鋼筋混凝土結構，附樓地上四層，為磚混結構，地下室一層，建屋頂花園。

主體建築高約二十米，面對長江，橫立面開闊伸展，平面呈矩形，臨江樓體立面為長方形，橫向長，造型平穩，比例嚴謹，簡潔精練，古希臘建築風格。

正廳進門處，鑲有黑色花紋的大理石。比較內廊高大的立柱，正門並不顯太大，深藏簡入，如同堡壘，這是老銀行建築的特色。

深褐色的硬木門框，推動硬木鑲嵌的旋轉玻璃門就進到了大理石裝飾的宏大豪華的大廳裏面了。

內部裝修精緻華麗，營業大廳左右兩個穹頂，弧形垂落，透空採光，縱橫排列的羅馬立柱支撐大廳天棚。站在大廳中央環望上下四周，開闊宏大的感覺。

後段辦公室，大面積方窗玻璃，內空高廣。

前部營業大廳和後面辦公區之間修築四座巨大銀庫，堅壁固壘，為當年漢口海關的銀兩庫存地。

從街邊走上二十五步臺階，站在滙豐銀行正面門廳前，柱廊從身子兩邊幽深地伸展開去，撫摸光滑的冰涼的不能合圍的立柱，順著立柱向上騰升之勢，仰頭高曠的廊頂，柱頭卷花清晰地在你仰望中凸凹起浮著它們優美飽滿的石的質感，琴海奔騰而來的悠遠的生命，銜接著兩個不同的時空，東方和西方，地域和歷史，你能感受到它們的古老和它們的生機勃勃。

西方銀行在中國，歷史悠久、業務繁盛、勢力最為強勁的當屬英國滙豐銀行，包括漢口在內，中國十二個城市都有它的分行。

二十世紀初期，滙豐銀行直接控制漢口海關關稅，為英國海關金庫。

抗戰初期，這裏曾為孫科和白崇禧的辦公室。

一九四一年，漢口滙豐銀行大樓被日軍佔據。

一九四四年十二月十六日，三名美軍飛行員執行武漢轟炸任務，飛機被日軍擊毀跳傘落地後被駐漢口日軍俘虜，日佔領軍用酷刑將三名美軍戰俘虐殺致死。十二月十八日，美軍派出飛機一百七十餘架，對被日方佔領的漢口進行了大規模報復性大轟炸，英屬滙豐大樓也未曾倖免，樓頂坪台被美軍飛機重磅炸彈由屋頂平臺穿進中層，損壞面積一百五十平米。

一九四九年，政權轉換，英國在華所有資產先是按兵不動，以窺局勢。

一九五〇年，中國軍隊入朝參戰。美國政府下令本國商船不許停泊中國大陸各港口，此之前，一九四九年十月一日起，美國在華各機構已經全部撤離回國。

一九五〇年至一九五二年，中國政府冷遇西方在華商行（包括銀行），有意迫使其自行離去。英屬在華各資產機構不得已撤離漢口。滙豐銀行所屬各分行，也在這一時間離開中國大陸。

上世紀九十年代，滙豐銀行大樓成為光大銀行武漢支行辦公大樓。

一九九九年，光大銀行出資對大樓進行全面維護，「修舊如舊」，老滙豐銀行以重生之姿屹立在長江之畔。

工業建築

世界各國城市現代化改造自二十世紀中葉開始。

工業時代進化到電子時代，農村生活方式讓位於城鎮生活方式，耕地面積縮小，農村人口湧向城市，城市人口不斷增長，一千年、數百年、一百年的老城，再也不可能滿足社會發展時空變化的需要，於是，在原來的城市基礎上重建、新建和改建，一個席捲全球的時代潮，城市化時代的到來。

歐美發達國家，大規模城市改造的時間自二戰以後；中國，大規模城市改造的時間自文革以後——時間不同，國情不同，文化傳承不同，但是，其中歷經的曲折坎坷極為相似。

改革開放三十年，尤其是進入到新世紀的近幾年間，中國各大中城市，人口增長，城圈擴展，新一輪的城市建設蓬勃興起。

城市的改建和改造，是一項全方位立體化的大型工程，涉及面廣，操作程式複雜，各式各樣的思路和做法，如江河奔湧，一路朝前，誰也不甘落在後邊。當時，世界上別的國家，已經，實驗，在我們之先，實踐，在我們之先，但是，不知為什麼，後來的人，依然會有那麼多的失誤？

流傳這麼一個說法：近二十年來，在中國，被毀掉的歷史遺跡，比前二百年毀掉的還要多。

一個太悲觀的論斷，自然有它的來源——城市改造中的「棄舊更新」和「推倒重來」——急功近利，當局者和開發商的淺見和短視。

專家統計：從上世紀末以來，在武漢，優秀歷史建築，被毀壞的，共計一百處。

一邊大興土木地建設，一邊肆無忌憚地毀棄，比較歐美國家舊城保護率占整個城市的百分之八十或百分之百，我們是不是應該臉紅？

的確，老城原有的建設體系，再也不可能滿足現代時空城市化發展的需要，於是，不同國家，不同城市，各自選擇了不盡相同的城市改造的方法。

保留歷史的遺跡，更新當下的時空，矛盾之中尋求和諧——例如巴黎和羅馬，全盤保留舊城，新城另行開發，新城舊城相隔又相連，各行其是，各不相擾；例如東京，新舊建築，同城市但不同街區，彼此之間，安然相處；例如新加坡，保留老城的一部，放置在新城之中，如同一處情景再現的歷史博物館……

武漢，也一樣，投入這場跨世紀的時代大潮中，尋找適合自己的城市建設之路。

武漢三鎮的城市特徵，包含兩大方面，一是商業城市，二是工業城市，這是舊城改造的根基。

近現代優秀歷史建築的保護和利用，商業建築和民居建築，此前，我說過很多，今天，想說到的是，曾經被人忽視的我們這個城市的工業遺跡。

「工業遺跡」，顧名思義，就是再也沒有進行生產活動的工業建築。

例如：漢口開埠之後，漢口沿江一帶的西商工廠和倉庫；清朝末年，張之洞在漢陽創辦的工業基地；民國時期，漢口、漢陽、武昌三地的華商的工廠；一九四九年後，在武漢三鎮興建的大中小型工廠，等等。

關於優秀歷史建築的界定，不少人認為，工業建築，即使是有悠久的歷史和輝煌的過去，也不應該歸屬於這一範疇，理由很簡單：工礦企業的廠房建設，車間或是倉庫，千篇一律的單調和類似，方正平直的建築結構，從內到外，毫無藝術美感。因此提議全部拆毀，騰出地皮重新建設。其實，這個看法十分落後。

二十世紀中期，全球產業鏈更新換代，世界各個國家，喧囂一時的工業區，短短幾年內化為一片廢墟，從那一天起，城市工業遺跡的改造，成為一個刻不容緩的世界性的問題。

最先注意到這裏的，是一批窮困潦倒的歐美藝術家，廢棄的廠房，高曠的內空，沉重的鋼樑，混厚的磚牆，粗礪的混凝土，巨大的玻璃鋼窗，在他們眼裏是無上之美，於是，以此地為居室，從事他們的藝術創作，後來，更多的年輕人爭相湧入，爭相效仿，將一片工業時代的荒蕪化作生命的樂土，緊接著建築師也紛紛地參加進來，從抽象的幾何狀的建築框架中尋找久違的設計靈感，就這樣，Loft的居住方式傳遍了全球，各大中城市的工業遺跡陸陸續續地被開發利用，變廢為寶，化腐朽為神奇，關於工業老城的改造和重建，從此有了全新的視點——例如德國的魯爾工業區，改造後的杜伊斯堡景觀公園，聞名世界的工業遺跡保護的典範。

這是別人走過的歷史，而我們只是剛剛跨入。

武漢，留存至今的工業建築，改造和利用的，有張之洞與漢陽鐵廠博物館，位於漢陽鋼鐵廠遺址；藍灣俊園居住社區，保存武昌一紗歐式辦公樓；武漢商業儲運公司青島路倉庫，保存平和打包廠全部廠房……

只是，這些，和世界工業遺跡改造的模式，依然相去甚遠。

我的理解：現代城市工廠遺跡的改造，應該是大面積建築的保存，在保存大片廠房的基礎上，重新設計，重新建築——保存一段斑駁的歷史，為了延續城市文明的脈絡；重建一個新的天地，為了適合城市人群的需要——城市歷史和工業遺跡，一個靈魂，一個身體，從此才能合二為一。

現成的樣板有，倫敦泰德現代藝術館、孟買藍蛙藝術者中心、北京七九八藝術區、上海八號橋藝術之家……

如今，武漢，對於工業遺跡價值的肯定（無論是從歷史學的角度，還是從美學的角度），也許還有待時日。

火車站

《猜火車》

上世紀末，一部很有名的英國電影名叫《猜火車》，其中有一個場景在愛丁堡一個廢棄的火車站，片中對白：「來這裏幹嘛，看火車進站？」

潛臺詞是：「車站廢了，火車沒有了，你們來這兒也是白來。」

今天，在漢口大智門火車站，你也能找到同樣的感覺……

這就是城市歷史，變遷和發展，如影隨形，舊的消亡，新的興起，一切來得太快，沒有唱輓歌的時間，大智門車站廢棄了，新的車站在城市北面建起，武漢人叫它漢口新火車站；武昌南站拆毀重建，武漢人叫它武昌新火車站；既將通車的武漢火車站，不知我們又會叫它什麼？武漢新火車站？楊春湖火車站？或是什麼別的？

今年夏天，《城市聲色》的編輯周劼，忽然在ＱＱ上提問：

「武漢市的火車站一共有幾個？」

我的回答自然是：「不曉得。」

他的問題，詳細一點，應該是這樣：自從武漢市開始鐵路運輸的歷史以來，武漢三鎮，前前後後、新的老的、大的小的的火車站，一共有多少？

的確是不好回答，武漢市的火車站實在是太多了，知道一些，但是不等於知道全部。

上面提到《猜火車》，其實是愛爾蘭人玩的一種遊戲——今天猜猜火車站，不知道誰會感興趣？

「在我們的夢想之間修築鐵路」

——顧城

武漢三鎮的火車站，最早是跟著京廣線來的，北京那一頭的起點在正陽門（前門），漢口這一頭終點在玉帶門。當年，在漢口，先建玉帶門車站，然後再建大智門車站。

一九〇六年，湖廣總督張之洞和慈禧派來的代表直隸總督袁世凱，選擇在大智門火車站舉行通車剪綵儀式。從此，大智門火車站的名聲超過了玉帶門火車站。

都知道張之洞是個鐵路迷，一門心思地想著修鐵路，一八八九年，他在廣東做官，上書朝廷，為湖北爭得鐵路修築權，然後才調來湖北，專門督促鐵路修築工程，七年後，京漢鐵路通車。有人說：張之洞是叮著鐵路才來湖北的。就算是，也很好啊。張之洞來了，京漢鐵路也來了，

順帶說一句：想讓鐵路進入武漢（當時稱漢口）的人，在清末，並不止張之洞一個，

有一個名叫斯蒂文的英國人，一八六四年就提出了「以漢口為中心，修築全國四大鐵路幹線」的設想，比張之洞上書時間要早三十五年。

斯蒂文，英國怡和洋行漢口分行行主，一心想把業務擴展到最大。當年，怡和洋行在華商務為西方在華商行之首，人稱「洋行之王」，歷任行長都屬商界精英，善於研究生意場上的戰略戰術，《對漢口鐵路運輸業的遠景設想》就是一例。

但是，在當時，這個設想等於幻想。

一八七六年，上海怡和洋行「擅自」修築滬淞線，清政府花鉅款把這條鐵路買到手，而後毀得絲毫不剩。此後洋人再也不敢輕言此事。但是，這不是故事的終結。

三十年後，中國的第一條鐵路鋪到了漢口。

張之洞的自強運動（也稱洋務運動）從鐵路開始。那一年，他到湖北，懷著一種少年般的熱忱，梁啟超的《少年中國》，代表了晚清以來仁人志士的心，選定在長江漢水交匯的商貿重鎮來實現他的強國夢，最先是鐵路，然後是工業，從水路交通樞紐到陸路交通樞紐，從農耕經濟到現代經濟，漢口引領全國，湖北走向世界——自他之後，再無第二人……

京漢鐵路在漢口，當年，共有車站四個，從東往西順序是：江岸站（即劉家廟站）、大智門站、循禮門站、玉帶門站。

辛亥革命成功之後，孫中山提倡在全國大興鐵路，但是這個宏圖大略很難實現。當時，正值一戰，歐洲國家集體陷入經濟困境，沒有多的錢投入到中國大陸的基礎建設上來。靠自己不行，靠洋人又靠不住，經常是數條鐵路先後開工，但是經歷坎坷艱難，有的半途而廢，有的拖延時日。

民國時期，一九一二年，粵漢鐵路開始動工，從武昌鯰魚套站往南，其中因為林林總總的原因，直到一九三六年才全線建成通車。

詹天佑就是為了這條鐵路而來武漢，從一九一二年在漢口定居，到一九一九年在漢口去世，期間，主持修築武長線（武昌至長沙）和漢宜線（漢口至宜昌），工程進行得非常不順利，以致於鬱鬱而終。

粵漢線修通，才算是真正連通了中國南北，雖然中間，隔一道長江天塹，但是，畢竟提升了大武漢在全國的經濟和文化的地位，可以說是更上了一層樓，如果沒有日本軍國主義的侵華，相信，一九三六年之後的武漢是能夠順暢地發展到高峰。

為了連接長江南北的鐵路線，漢口新增了一個車站碼頭，或說是碼頭車站，沿江大道的粵漢碼頭，數十年裏擔負著這一項至關重要的工作。火車車皮由駁船運載渡過長江，對岸就是徐家棚火車站。

從徐家棚車站出去，鐵路線先向西再向南，武昌通湘門是最早的武昌火車站，後來遷到賓陽門（原名大東門），名叫武昌火車總站。一九五七年，長江大橋建成通車，同時新建的武昌火車站從賓陽門原址朝南平移了一站路的距離，這就是我們這一輩人所熟悉的武昌火車站，離南湖較近，又名武昌南站。二〇〇八年在原址上新建成，定名武昌火車站，南向的余家灣車站改名武昌南站（即新余家灣車站）。

一九六五年十月，漢丹鐵路（漢西—丹江）通車，漢口漢西車站始發，出漢口城區，北上到襄樊。

一九六五年十二月，武大線（武昌—大冶）修通，武昌火車站始發，東去黃石和大冶。現從黃石延長至江西九江，更名武九線。

「火車站，我多次離別」

——（俄國）帕斯捷爾納克

火車站，在詩人和藝術家的眼裏，永遠是一個傷感的代名詞，例如日本電影《天國車站》、義大利電影《終站》、蘇聯電影《兩個人的車站》……

其實，火車站，不光是離別之地，更是新生之地。我心裏的火車站，永遠是歡欣的光明的，時光之梭，可以載我到任何地方去。

最後回答開頭的問題：

從一九〇六年到二〇〇九年，武漢三鎮的火車站，客運站和貨運站，一共三十四個（可能有疏誤，歡迎討論）。

漢口（含黃陂）：橫店站、武漢北車站（武漢北編組站）、灄口站、諶家磯站、丹水池站、江岸西站、江岸站（舊名劉家廟站）、粵漢碼頭輪渡站、大智門站、循禮門站、玉帶門站、、漢西車站、舵落口站、復興灣站、新墩站、新溝站、漢口火車站。

漢陽：漢陽站。

武昌：武昌東站（青山站）、楊春湖武漢火車站、何劉站、鯰魚套站、武昌北站（徐家棚站）、楠梅廟站、沙湖站、八大家站、通湘門站、武昌火車站（賓陽門站）、南湖站、流芳嶺站、武昌南站（余家灣站）、大花嶺站、紙坊站、烏龍泉站、山坡站、土地堂站。

這之中，哪些車站，不再被使用？相信大家都知道。

大智門火車站

很早以前，京漢鐵路從漢口邊緣穿過，漢口的有四個車站，玉帶門、循禮門、大智門、劉家廟（江岸）。

前三個車站，由漢口北部的三個城堡改建，車站名就是城堡名。劉家廟車站，廟早沒了，那一帶地方以廟名為地名，車站隨之得名。

漢口城北，原本是一大片湖泊沼澤，鐵路經行後，民居商埠漸漸往鐵路沿線聚集，尤其是車站周邊，漢口城郊也一天天地熱鬧起來了。

循禮門車站是個貨運站，劉園修起來了，江漢北路和梅神父路相接，南洋煙廠建在鐵路以北。

玉帶門車站，漢口茶葉集散地。漢口茶市，從原來的漢水邊，遷到長江邊，又遷到鐵路邊，哪裡方便往哪裡跑，哪裡快捷往哪裡跑，這就是商貿。

江岸車站，先名劉家廟車站，後改為江岸車站，因為管理路段，所以又叫江岸機務段。

「火車一響，黃金萬兩」，這話很俗很實在。

大智門車站修起之後，法租界堅決北移到今天車站路、友益街、黃興路、海壽街，後來幾年，那一帶的繁華盡人皆知。

法租界裏的德明飯店——英文「TERMINUS」，翻譯成中文是「到終點」——這個「終點」，一是指大智門火車站是京漢（平漢）鐵路的終點，二是指德明飯店是中外旅客的「終點」。

大智門火車站：位於漢口京漢大道與車站路丁字形交匯處，車站路從火車站站房大門前來起始，也就是說，當年，法租界瑪領事街（即車站路）從這裏開始。二十世紀末，原來貫穿漢口城區中心的京廣鐵路改道到漢口西北金家墩，即今漢口新火車站。漢口大智門火車站改為鐵路博物館，原有的老建築全部保存，並作了「修舊如舊」的修復維護。

在我們拍攝的照片上，已經看不到它原有的一百年的滄桑風塵，過去年代的老房子，只能是歲月中一抹發黃的記憶。

一九〇六年四月四日，漢口至北京正陽門全長一千兩百一十四點四九公里的鐵路全線建成通車。直隸總督袁世凱來漢口和張之洞一道舉行驗收儀式，並改名「蘆漢鐵路」為「京漢鐵路」，漢口這端的終點車站就是大智門火車站。

大智門火車站當年為蘆漢鐵路南段的第一大站。其站房建築（即車站大樓）由法國設計師設計，及至今天也能稱為中國近代建築之精品。

磚木和磚混結構，建築面積四千多平方米，其中候車廳面積一千零二十二平方米。建築風格混雜，有人認為是法國式，因為設計師為法國人，有人認為仿德國中世紀古典式，因為它的瓦頂設計尤為奇特，類似德國教堂頂上那種尖鏃。我的感覺，它有一點拜占庭式，總之，如一個童話中宮殿，沒有受當時（二十世紀初）千篇一律的那種希臘、羅馬式新古典的影響，當然，在建築格局上，依然是古典主義分段構築為根本。

覆斗式屋面，綠色鐵皮瓦，中部四角二十米高塔堡，堡頂鐵鑄，流線方錐形。主樓正面和背面簷上正中各塑有一隻雙翼展開的鐵鷹。

主出入口並列三洞六扇門，室內正中為候車大廳，空高十米，兩端同樣大小兩層樓體，一層售票或候車，二層辦公。正中主樓中部大廳立柱藻井，前後牆面開大型半圓拱窗，內部採光，外部為建築立面裝飾。

二十世紀三十年代漢口大智門火車站入站口（資料照片）

候車大廳門臨車站路，車站路一條直道上中山大道。站在中山大道（橫道）上望過去，上，符號直線上端便是大智門車站，綠頂灰牆的大樓聳立在街的頂端，令你一覽無餘。

當年漢口人乘火車，若是離開車時間緊了點，緊趕慢趕，來到這街的交界處，遠遠地，看見車站瓦頂上的綠色尖塔，你的心裏便一下子落了實。

二〇〇六年，我去的那天，漢口車站路頂端的這座老舊的火車站，大門上栓一根又粗又冷的鐵鏈，從門縫向裏望去，陰暗的候車大廳空無一人，視線穿過去，來到大廳背後的月臺，高高厚厚的水泥平臺，你再也看不到火車的進出，曾經很多次，我站在那裏，沿著長長的鋼軌，一直望到天邊，火車和鐵路，才能帶你衝出浮華擁堵的都市，叮鐺的鈴聲，車頭噴出白色蒸氣，車輪和鐵軌和枕木撞擊，綠色的車廂，橙色的燈光，人如潮水，月臺上，天橋上，候車大廳裏，一百年的喧嘩和騷動，今天，只剩滿眼荒涼的死寂，仰起頭來，藍天和太陽，門額上的那一隻鷹，似乎想破空飛去……

大智門火車站，因為建設年代早（至今一百年），因為在交通要衝，在這裏發生的事件以及過往的人物，能夠載入史冊的，真是數不勝數……

一九一一年十月，漢口戰況於革命軍極為不利，清廷軍隊傾巢南下，以圖挽回頹勢。湖北軍政府決定招募新兵，擴充起義軍力量。黎元洪派人向軍校學生發出邀請。當晚，徐源泉號召學生軍三百餘人，自任為隊長，連夜渡江到漢口，在大智門火車站與清軍展開激烈交戰……

一九五一年四月，梅蘭芳第五次來漢口，乘火車，大智門車站下車，自車站大門起，沿路水泄不通，武漢戲迷夾道歡迎，人人爭睹大師風采。從車站路轉到友益路，短短的幾千米，梅蘭芳走了將近一小時。當天晚上，在人民劇院（今大舞臺）演出京劇《貴妃醉酒》……

戰爭硝煙，升平歌舞，都由這一座老車站來記錄。

寶順洋行

寶順洋行漢口分行的舊址，漢口天津路七十一號。

一八六一年（咸豐十一年）三月，英國駐上海領事署不得清政府同意，單方面公佈《揚子江貿易章程》，宣佈「漢口、九江關為通商口岸，設置領事」。

隨後，英國中校威司利和上海寶順行洋行的董事長韋伯，帶了隨員乘了軍艦沿長江而下駛抵武漢，上岸查看漢口沿江一帶的地勢，準備著手行使通商程式。

過了幾天，英國駐華使館參贊巴夏禮也到了漢口，會見了當時清政府湖北地方官員。之後，這一行人到漢口濱江一帶，即今天漢口武漢關一帶，丈量地皮立石碑為界，與清政府地方官訂立了《漢口租界顧約》，此後「自漢口花樓街江邊行巷往東八丈起，至甘露寺江邊東角八十弓」的一塊地面，以銀九十二兩六錢七分二厘一分作為租金成為了英殖民地租界，同時還注明作為「永久租用」。

二〇〇一年，我在武漢市圖書館文獻部查得上述史料時，我想：英國艦長率軍艦來漢口是為了「武力威嚇」的目的（因為畢竟是英國軍隊深入中國內陸的一個開始，關於這個古老封閉的東方國家，歐洲人的瞭解在當時算不得太多，況且，傳言多於科學考察，只有先進的軍事設備及武裝徹底的軍隊，才可能給這批「進犯」異邦國土的歐洲殖民者以足夠的膽量），而英國使節之所以匆匆趕來漢口，自然是想以外交手段「斡旋」湖北清廷地方官，儘快促成「中英天津條約」的早日實施，那麼，上海寶順行行長（董事長），一個商人，跟著這一大幫軍政人員跑來漢口又是為的什麼呢？

答案很明白：一八六五年，英方仰賴寶順行借款，白銀二十萬兩，在英屬租界的長江邊修築大堤，沿著堤的內側修路，稱為河街，即今天漢口沿江大道。此前，一八六一年，英國領事館官邸已經在漢口天津路建成——天津路，當年名寶順路，為的是紀念寶順洋行的大額借款。

這就是韋伯不辭辛勞地隨威司利一同前來漢口的目的，為了公司此後的投資項目而進行的一次「實地踏勘」。從後來的史實可以推及，一八六一年的這一次「隨行」，寶順行對於英人即將開始的租界地建設的前景十分看好，二十萬兩白銀的借貸不是一筆小數目，這是商業運籌上的「胸襟開闊」和「遠見卓識」，不然是不可能拿出來的。

後來的歷史證明，當年寶順行行長的眼光確實不錯。從一八六一年起，英人在漢口經營了將近一個世紀，即使在一九二七年國民政府收回英租界後喪失了一部分殖民特權之後，英人在華（即在漢）的經濟權益，也未因此而受到分毫影響。直到一九五一年，英國關閉全部在漢官商辦公處，停止在華所有政治、經濟活動，此先所有的投資，也早已經回收得翻了不知道有多少番了。

所以我說，武漢城市近現代化建設開端，英商寶順行應該算是「功拔頭籌」。

英租界設立，寶順洋行在漢口英租界寶順路口，今沿江大道一帶，在長江江邊建築寶順棧五碼頭，這是漢口長江邊的第一座輪船碼頭，也就是「英商1碼頭」。這也算是寶順行回收投資的第一步。

寶順行漢口分行的設立時間及行館建築的時間，我沒有查到史料，據我的推測，可能在一八六一年英國領事館建成之後。

從地理位置來分析：這幢三層紅磚小樓位於天津路與洞庭街相交十字路口，以符號「十」為示，豎筆為天津路（即寶順路），橫筆為洞庭街，上端所指方向朝著長江江邊，下端所指方向朝著中山大道，寶順行行館在十字交叉點朝著長江那端靠右（即地圖上天津路靠西這一側）的那個地點。十字豎筆朝長江那頭的前端靠左（即地圖上天津路靠東這一側），即為英領事館官邸的所在地。

寶順行館離英領事館只有幾百米，可說是「近在咫尺」，步行只需兩分鐘。想像中，在十九世紀下半葉，它也許就建在英領事館花園的圍欄之外（我說過，當年英領事館的花園開闊得令今天人無法想像）。

漢口北岸開始城市近代建設的初期，城市建設尚未整體規劃，城市道路剛剛興建，建築物往往以最初一幢為基準而順次興起。所以，我據此推測：寶順行行舍的建築年代和英領事館的建築年代非常相近，大約在十九世紀的中後期，一八六五年至一八七〇年之間。

以下是我對這幢建築物的目測：磚木混合結構，三層，整幢建築全部為紅磚清水外牆，正面主入口開在十字交叉路口的斜面，這是位於十字路口建築物所習慣採用的一種流行的主入口開口方法，在漢口同類樣式的建築後來建起來好多。

那天，是一個雨天，本來是去那一帶趕一群朋友的聚會。二〇〇六年春天，潮濕的花季，一個天色陰沉的週六，我和小女兒剛剛走到天津路和洞庭街交錯的那一個十字街口，大雨淋漓，澆頂而下，撐開雨傘的那一個瞬間，因為仰頭，突然看到街對面，一幢破舊的紅磚洋樓，朝著街心的樓體正面，覆蓋著一塊大牌子，上書「金迪網吧」四個字。

此前不久，在網上查資料，有網友介紹，「金迪網吧」所在即早年間在漢口的寶順洋行舊址——真是「踏破鐵鞋無覓處」，後半句就用不著說了。

照片在大雨中拍攝，也許光照不好，圖視灰暗，但是當時也顧不得那麼多了。

一幢年深歷久的頹敗的老宅，這是當天我近距離的觀賞它的感覺，此前，我無數次從它身邊走過，幾乎從來都沒有抬起頭細看過它一眼，比較漢口租界內外的那一些宏偉華麗的西式建築，它在我的眼中，真的是算不了什麼，起碼，在我不知道它是大名鼎鼎的寶順洋行的館舍之前，這一幢小樓，在漢口人心目中，的確是太不起眼了。

是它「開闢」了武漢的歷史。

對於熟悉中國中小學以及大學歷史教科書的人來說，寶順洋行的歷史不算「光彩」。

寶順洋行：又名顛地洋行（Dent&Co.），是十九世紀中葉在華最主要的英商洋行之一，也是英怡和洋行和美旗昌洋行的最主要的競爭對手。主要經營業務為鴉片、生絲和茶葉。顛地洋行在中國的中文名稱為「寶順洋行」，取「寶貴和順」的意思，期望在中國順利發展。

一八二三年，英國人湯瑪斯・顛地（ThomasDent）以撒丁（Sardinian）領事的身分來到廣州，並以合夥人的身分加入大衛蓀洋行（Davidson&Co.）。一八二四年，大衛蓀離開中國，該洋行改名為顛地洋行（Dent&Co.）。一八二六年，英國人蘭斯祿・顛地（LancelotDent）來到廣州，加入寶順洋行。一八三一年，湯瑪斯・顛地（ThomasDent）離開寶順洋行，蘭斯祿・顛地成為寶順洋行的主要負責人。蘭斯祿・顛地與當時怡和洋行（Jardine・Matheson&Co.）的老闆威廉・渣甸（WilliamJardine），同樣是廣東著名的鴉片商。

一八三九年，欽差大臣林則徐在廣州查禁鴉片，二月初八日（農曆），下令捉拿顛地，希望「殺雞儆猴」，促使外國鴉片商交出鴉片。由此引出「虎門銷煙」等一系列歷史事件，第一次鴉片戰爭自此開始。

寶順洋行行主顛地（即蘭斯祿．顛地）也就成為鴉片戰爭的「挑起者」，中國近代史開端的第一個西洋名人，在中國大陸的戲劇影視中常常被演繹為一個小丑式的角色（例如電影《鴉片戰爭》）。

鴉片戰爭以後，寶順洋行總部設在香港。一八四三年，上海開埠，寶順洋行為最早到上海設行的洋行之一，主要經營生絲和茶葉，當時建造樓房在外灘十四號（該樓後來賣給了德華銀行）。寶順洋行主要經營進出口業務，進口大小洋藥、雜貨、布匹等，出口湖絲、棉花、茶葉等，並有自己的船隊。

寶順洋行上海行最著名的買辦是徐潤，十四歲在寶順洋行當學徒升至總買辦。

清咸豐十一年（一八六一年）正月初二（二月十一日）英商寶順洋行「長江」號輪隨英國駐華海軍司令賀布率領的艦隊，從吳淞口出發，駛往漢口——行長韋伯先行交涉，洋行事務緊接著跟上——從此，寶順行進入中國內陸，開始了它的中國腹地的商業貿易活動。

一八六六年，倫敦爆發金融風潮，許多洋行宣告破產，連資力雄厚的寶順洋行也未能倖免，而後，重組的寶順洋行開始經營航運。

據史料記載，寶順行在漢口曾與美國旗昌洋行就商業利益進行了爭奪，後來經協商後調解了矛盾。

上海輪船公司（一八六二年，美商旗昌洋行在上海開設，因有華資，所以名為上海輪船公司）「驚異」號客輪由上海首航漢口，開闢申漢航線，配套設立揚子江保險公司。豐厚的利潤吸引英美商輪湧入長江。英國怡和、寶順兩洋行經營的輪船也加入了長江航運的競爭，美商也有多家船隻投入航運，由此，各大洋行之間競爭激烈，矛盾重重。

一八六六年，一戰以後，倫敦金融危機影響到寶順洋行。旗昌洋行收買寶順全部輪埠設備，包括上海寶順能夠停泊海船的大船塢，總值達白銀五十五萬兩，一八六七年旗昌與怡和、寶順達成協定，以旗昌退出上海以南沿海口岸為條件，要求長江航運遂為旗昌公司獨佔

這樣的強勢才能脅迫怡和和寶順兩洋行十年之內不再航行於長江。一八六八年，寶順洋行停歇，至於寶順行是在哪一年離開漢口的？我沒有查到相關的史料，是為遺憾。

漢口青島路八號

英屬保安保險大樓，漢口青島路八號，現為民居，由市公安局及市房地局共同使用。

二〇〇六年六月法國坎城電影節，中國電影《江城的夏日》在之中「一種關懷」單元獲最佳影片大獎，漢口青島路八號樓為這部影片拍攝的主場景。

青島路在武漢市江岸區，位於南京路和北京路中間，連接沿江大道和鄱陽路，是那一個地區最短的一條街，但是可以說它在當年是最富裕的一條街，當年這裏屬英租界，英國的洋行和銀行在這裏最多。就在這條街朝長江的街口聳立著兩幢巍峨的建築，英國滙豐銀行和美國花旗銀行，轉頭朝鄱陽街方向，有英國平和洋行（也就是平和打包廠），有英國最老牌的銀行麥加利銀行（也叫渣打銀行），然後是我們今天要講的青島路八號英國保安保險洋行。

位於青島路和洞庭街的轉角處，緊挨於一九一三年建起來的英滙豐銀行附樓後立面。因為處於街的交匯，樓房有西和北兩個正立面，地圖上看，呈「形，豎筆為青島路，橫筆為洞庭街，豎筆向下延長處經過滙豐洋行的左側面到了沿江大道。

樓房立面取消了古典柱式，仍表現出三段式構圖特徵。

底層設主入口，拱券大門，門框凸凹雕花，門楣以上，以漂亮的三角形石頭裝飾托起自二層開始，直上五樓的半圓形轉角樓體，凸出而飽滿建築結構，凝集了觀賞者的視線，因為這一個至下而上的半圓體的確是整幢樓房的中心，樓房從這個中垂線向兩邊伸開，三角形的兩道邊，分列在兩條直角相交的街道旁邊。

半圓形設計部分，可能最早是透空窗，現在已經看不到當初的樣子了，但是，看得出來，樓房的五層都屬外廊設計，如今底層街邊還留著空廊，而上面幾層全部封閉了。五樓之上屋頂建圓形塔樓拱券廊門，拱券長窗，與方框門窗互映。

那天，我走得離它很近，細細地看外牆上凸出的花飾，主入口的門框，窗口上下的牆面，頂層的簷下部位，四層上部的腰線，都有精美無比的石頭雕花。

整幢大樓的牆面全鋪砌成凸凹的横條形狀，底層粗獷，間隔大，凸凹深，一層以上的間距較窄，凸凹也較淺。

雕花牆面裝飾，半圓拱頂門窗，凸出的半圓形主樓體，凸凹不平的外牆牆面。一切都充滿了濃郁的巴洛克古典建築風格。

青灰色的樓房，年代太久，滄夷滿目。偶爾的一天，我來到這裏，突然看到它，也許，小時候，年輕的時候，往這裏路過，看見它不知有多少次，但是，也許是因為它太過破舊了，太過破敗了，很難得引起路人的注意。等到我發現它的那一天，我已經讀了一點西方建築學，知道了一點什麼是建築美。當它闖入我的視線，一下子，我震撼了，那樣一種淒涼和滄桑，那樣一種落寞的美感，那一刻，它讓我知道，什麼叫做「淪落」。

二〇〇一年，那一天，我們（我和弟弟）拍攝了它，二〇〇六年，我才知道了它的歷史，當我這部書將近完稿，在《武漢晚報》上讀到了上面那一個有關電影和青島路八號的消息。所以在電腦裡加上一段文字，因為感動，這一幢感動過我的老房子終於引起了人們的注意。我很高興。

英商保安保險公司大樓，景明洋行設計繪圖，漢協盛營造廠承建，一九一四年建成，鋼筋混凝土建築，高五層。房屋建成後，保安保險公司作為營業辦公樓。

抗戰時，英保安保險公司停業內遷，以港幣二十二萬元，將這幢房屋出售給華人王禹卿。

一九四五年以後，王因漢奸案由法院判決此房屋充公，交國民政府「清理敵偽財產處」接收，標價賣給何健。一九四九年，何離開大陸，以「反革命份子房產」由政府收管，撥給武漢市稅務局作辦公地，現在改由市公安局使用。

武漢市稅務局住用時，在房屋後面空地（疑為先前的花園）加建一棟禮堂，稅務局及公安局使用期間，只對房屋進行了小處的修理。

一九五九年，武漢市房地局接管後，委託市修繕隊進行全面檢修，所有門窗，樓，地板，上下水管道及衛生設備，損壞部分全部修理、添配完整，全部粉刷油漆。共用修理費人民幣二萬六千餘元。

英文「保險」這個詞，音譯為「燕梳」（insurance），晚清，人們把一些來華的西人保險公司稱為某某「燕梳公司」。

英商保安保險公司，為英人來華最早的兩家保險公司之一，它另有一個名字為于仁洋面保安行，也稱于仁保險公司（也有稱為「裕仁公司」的），是英商寶順洋行在一八三五年在廣州設立的，後來將總行移到香港。後來（一八四八年）在上海建分行，稱為保安保險公司，後來來漢口建分行，也稱保安保險公司，而它原來的「于仁洋面保險公司」的名號反而不被後來的漢口人（如我）所知了。

于仁保險公司初成立時，每三年結算一次，顧客就是股東，在汕頭、廈門、福州、寧波、上海、鎮江、漢口、煙臺、天津、牛莊、臺灣等處設有分行。

與日本通商後，于仁保險公司在日本各城市設立分公司。一八七四年，設立倫敦分行，已現在已經發展成為遍及全球的大企業保險公司。

一八四〇年（鴉片戰爭）以前，清廷奉行「閉關鎖國」政策，對外貿易僅限廣州。一八〇五年，英國東印度公司鴉片部經理達衛森在廣州創辦諫當保安行（另一說是：英人比爾．麥戈利亞特與人合辦諫當保險公司，後被怡和收進），這是西人在中國設立的第一家保險行，由寶順洋行和渣甸洋行（怡和洋行）輪流擔任經理，一八三五年，寶順洋行退出。

此後，諫當保安行歸到怡和洋行手裏，保險業務由怡和洋行經營。

寶順洋行退出諫當保安行之後，於一八三五年設立了于仁洋面保安行，一八四八年進駐上海，至二十世紀初，一直以威猛氣勢排斥華界保險業。

例如一九三九年，上海華商保險行有三十八家，資本總額三千六百六十五萬元，而英商保安保險行的資本有六千七百九十八萬元，為整個華埠保險行的百分之一百八十。

例如一八七五年，上海英國領事的報告，把諫當、于仁（即保安保險行）、揚子等一共七家（指上海英人保險行）的資本作了統計，計為七十五萬英鎊，按當時匯價折算，折合白銀兩百萬兩，這只是上海一地，香港就不用說了。

十九世紀中後期一直到二十世紀初，相當長的時間裏，英商壟斷中國保險市場。

在金融保險博物館裏，還收藏了一張于仁洋面保安行於一九〇八年五月十五日簽發的漢口到上海貨物運輸保險單，據此可以瞭解到英國保安保險行（即于仁行）在漢口的早期活動。

由此看來，英屬保安保險公司在漢口的設立，與長江的輪運業是密不可分的。

英屬保安保險公司，曾經在漢口第三特別區（原英租界）的地位也是舉足輕重。

一九四五年後，漢口保安保險分公司在抗戰勝利後是否回返漢口？我不清楚。但是，有一點是無可置疑的，即使它回到了漢口，那麼，它也會和其他的漢口英屬洋行一樣，在一九五三年以前就撤離了中國大陸。

一九四〇年，或是更早，一九三八年，英國人就走了，樓房給了一個中國人，英國人對建築的保養和當年那個王姓的中國人對建築的保養，可想而知是天壤之別的，例如將這麼漂亮的房子拿來做倉庫，說明那人就是一個蠢貨（無論他是否漢奸，都是）。又換了一個何健，感覺上他也沒有進行很好的維護。然後是一九四九年，然後一直到二〇〇六年，時間等於腐蝕劑，加上樓房後來變成了貧民公寓。

對於這幢世紀初的老建築來說，人（準確的說是居戶），就是銷毀它的皮膚、肌肉、內臟的腐蝕劑（銷鏹水那一類化學液體）——生活的艱難，住房的局促，底層的困厄——使一群人可以銷毀掉他們周圍凡是能夠接觸到的任何東西。這就是這一幢老建築之所如此頹廢的原因。

江漢關

江漢關：現名武漢關，武漢海關大樓。

位於漢口長江邊，江漢路步行街起始處，沿江大道八十六號。

上海海關名叫江海關，位於上海外灘；漢口海關名叫江漢關，位於漢口江灘。

一九〇七年，中國總稅務司英國人赫德，督促中國政府修造漢口第二代海關辦公機構，親自選派上海斯蒂華達生．斯貝司建築公司工程師辛浦生（Stewardson）擔任工程設計，模仿倫敦國會大廈樣式，設計了這幢壯麗無比的古典主義大樓。

漢口英商景明洋行監工，魏清記營造廠承建，鋼筋混凝土結構，占地一四九九平方米，建築面積四千四百三十九平方米，總高四十米，主樓四層，底層半地下室。鐘樓高四層，一共八層。一九二四年建成，耗銀兩百萬兩。

希臘古典式和歐洲文藝復興式相結合的風格，底座內部為鋼筋水泥，外部為湖南花崗石鋪砌。東、西、北三方都為花崗石柱廊，高大的羅馬柱，改良科林斯柱頭（和傳統的三種羅馬立柱的柱頭花飾都不相同，比愛奧立複雜，比科林斯簡潔）。面對江漢路的八根廊柱直徑達一點五米。

主入口設在沿江大道，樓房正立面並非面對著長江對岸，而是對著長江下游的流水。二十八級臺階之上是海關主入口，八根廊柱通高直立，巨大的拱門，巨大的窗，巨大的石頭堆砌的城市堡壘，威武雄渾的獸，神聖如雅典衛城的神廟。

江漢關的好，就在於選址，凸出在沿江大道中段，三面臨街，更顯宏大方正的立體感。站在沿江大道上面對鐘樓，兩條路的接頭如「。站在江漢路上面對鐘樓，兩條路的接頭為「，兩條道路盡端式建築。無論你從哪一個方向去看它，它宏偉的身形都會充滿你的視角。

上海海關儘管宏偉之極，但是和外灘其他高層建築橫列一排，這樣就被鑲嵌成了一個屏風似的平面，兩相比較，視覺效果上終究稍遜漢口海關一籌。

哥特式鐘樓，四面大鐘，鐘盤直徑八米，每一刻鐘敲響，奏威斯特敏斯特曲，與英倫敦議會大廈大笨鐘一般無二——過去的歲月，老漢口人以此悠揚宏大的樂曲知曉時間。

一八六一年，漢口開埠，外洋商船進港裝貨卸貨，從事貿易買賣，開初無人管理，一時間，漢口江邊混亂一團，大小各國各地船隻，隨意停靠，隨意上

漢口江漢關（今武漢關）正門朝長江下游方向

岸，走私偷渡，無人約束，而且經常發生聚眾鬥毆等事件。當地官府上報朝廷，上面傳話敦促各西方國家設領事，然後由英國領事官員帶頭舉議，設立海關關卡，約束各國通商貿易事宜。這就是漢口領事館的由來，也是漢口海關的由來。

一八六二年（同治元年）一月一日，設立江漢關。

江漢關，主要是對進出關的貨物進行檢驗、估價、徵稅、查私，同時管理出入中國境的外僑和中國居民的自由郵寄物品，此外包攬交通部門的航道疏浚、航標設置及水文氣象、衛生檢疫等職權。

開始，江漢關署設於漢口青龍巷，在長江邊的一座倉庫借房辦公，後來顛沛周折，也沒找到一個很好的辦公地。

一九二二年十一月舉行奠基典禮，由海關稅務司安格聯（英籍）主持（此時他已調到上海海關），參加者有江漢稅務司司長梅樂和、湖北省督蕭耀南、美國軍政部長菲力普，以及各駐漢領事館領事，洋行代表及華商代表等等。

一九二四年，第二代江漢關於河街（即沿江大道，當時稱漢口英租界花樓街外的江濱馬路為河街）兀然而立，比上海海關（即江海關，一九二七年建成）建成時間早三年。

早幾年，長江輪渡是武漢人重要的市內交通工具，從漢口到武昌，我們那一代人常常是從江漢關碼頭乘過江輪，到對江武昌中華門上岸（武漢人謂之「起坡」），返回漢口上岸的碼頭自然還是在江漢關。小時候，為了抄近道，常常從江漢路斜穿到花樓街，再從花樓街口出來，繞過江漢關大樓西南側的牆根，直奔渡江碼頭。十年，二十年，更長久的時間，江漢關花崗岩的基座，也許被我們的手摸索如一面鏡子了。

一九四九年前，江漢關是武漢的標誌，一九四九年後，江漢關依然是武漢的標誌。塔式鐘樓高高聳起，俯臨長江流水，鐘聲悠揚每時每刻敲響，聲音傳遍武漢三鎮。

武漢人聽著鐘聲長大的，離開時，它從視野中最後消失，回來時它從視野中最先出現，身下大江滾滾，前方遠遠地矗立著江漢關鐘樓，一生一世也抹不掉的影像，那裏是生我養我的城市。

江漢關鐘樓

德明飯店

英國作家詹姆斯．邁克馬努斯的小說《黃石的孩子》，二〇〇八年改編成同名電影引入國內，原著中有一個篇章專寫中國漢口，之中有這樣一段文字：

「那些經歷過戰爭的城市……總會因為戰地記者的駐紮而湧現一批著名酒店，那是記者們在一起交流、喝酒、相愛或者背叛對方的場所。在西貢有著名的洲際酒店的酒吧，在索爾茲伯裏有奎爾俱樂部，在貝魯特有考曼德酒店，在中國的漢口則有美國海軍的俱樂部和其附近的德明飯店……史沫特萊就是海軍俱樂部和德明飯店媒體喝酒、聚會的核心人物……」

上述情景發生在一九三八年的抗戰時期，中國和外國的戰地記者隨著國民政府西遷一起湧入漢口，在漢口的老租界區尋找適合他們活動的場所，其中有德明飯店。

德明飯店和新聞記者的「親密關係」的確是有淵源的——想起很小的時候，看到一張父親的照片，西裝領帶，很年輕很帥氣的樣子，姿勢優雅地坐在一間老式樣的大房子裏的沙發上。父親說，照片是在德明飯店拍的，當時（一九四七年）他在漢口大剛報擔任記者，去那裏是因為一次采訪還是一次聚會？我忘了。只記得父親告訴我說：德明飯店就是江漢飯店。

那時候，我已經知道江漢飯店，那時候，我家住在勝利街八十五號，每一次去蔡鍔路的解放電影院或是武漢電影院看電影，父親和母親領著我，一定要從這一幢法式老洋房門前經過。想不注意到它都是不行的，在街邊它是那麼美，雕花的門斗和伸向花園的門廳，好像童話中的房子。但是，直到那一天，我才知道它曾經有個名字叫做「德明飯店」——如今，半個世紀過去，這樣一些和父親連在一起的關於漢口的片斷記憶，對我來說太珍貴。

漢口德明飯店（今江漢飯店）臨街門廊

德明飯店，位於漢口勝利街兩百四十五號，現名江漢飯店。

磚混結構，三層，一九一九年建，當時位址是「四民路一百八十五號」，法國商人沈保祿（也譯聖保羅）投資興建，法籍猶太人史德生夫婦設計，典型的法國式文藝復興式風格，工程施工時因承包商虧本，在完成基礎工程後潛逃，後經擔保人賠償才於一九一九年完工開業。店名為英語「TERMINUS——到終點」，音譯「德明」，含意是：京漢鐵路以漢口為終點，四海旅客以「德明」為「終點」。

飯店位於當年漢口法租界的德托美領事街，後來改四明路，一九四六年改勝利街。覆斗狀深黑色鐵皮屋頂是典型的法式風格，圓形的老虎窗如一隻隻張開的眼睛，花紋凸浮的牆面，朝街心凸出的門鬥，雪白的凹槽愛奧尼立柱，卷草柱頭如盛開的花，西南側有室外長廊直通花園，旋轉玻璃門通往富麗典雅的大廳，柳按木護牆板，深紅色金絲線繡花地毯，法式大沙發，金光閃爍的水晶吊燈懸垂而下。飯店房間非常軒敞，臥室和起居室內外相隔，有涼臺臨街，裝修設施一流，為當時漢口最高檔的酒店，入住者皆為權貴，而且以西方人為多——美籍華人女作家聶華苓在她的書《三世三生》裏說到，小時候（一九二七年前後）她家住漢口洞庭街（舊名兩儀街）舊俄租界，常常往德明飯店門前過，她看到從那門裏進出的儘是些「高鼻子藍眼睛的洋人」。

史錄一九四九年前在此下榻的政界名人有：蔣介石、李宗仁、程潛、白崇禧、唐生智等；周恩來、董必武也經常在這裏出入。依據《黃石的孩子》一書作者的記述：美國記者史沫特萊一九三八年來過德明飯店，並非「入住」，而是在飯店的酒吧或是餐廳和記者同行聚會。

一九四九年後，毛澤東來過德明飯店（當時改名江漢飯店）多次，開會、吃飯、跳舞。二〇〇七年七月，因為電視記錄片《漢口老房子》的拍攝，我們來到德明飯店，客房內架起攝像機，攝取一百年光陰過往的痕跡。房間的陳設依照上世紀二三十年代的老樣子，深褐色的傢俱，乳白色的床品，栗灰色的小沙發，低低落下的木百頁，不張揚的典雅，地道的法式氛圍，精緻華麗的浪漫——教人猜想，這裏，不知有誰住過？千般的風情，不知向何處訴說？

飯店大堂的木樓梯，稱得上是建築木構架中的精品，扶手雕刻精美絕倫。那一天，同行的女孩從這一架老樓梯上走下來，高跟鞋在幽暗四壁清脆敲響，絳紅色的絲絨長旗袍拖在橙黃色的樓梯上，青春年少的影子映進法國老房子的背景，虛擬的故事，真實的場景，攝像機鏡頭靜靜跟著，一段時空交錯的畫面，讓你從今天返回到昨天。

上海商業儲蓄銀行

過中山大道往江邊走，江漢路步行街四十四號，一幢華麗典雅的白石頭建築——中國工商銀行武漢市漢口支行，一九四九年前上海倉儲銀行漢口分行舊址

位於今漢口江漢路步行街邊，正面隔著街對著花樓街口，呈┣形，橫筆為花樓街，豎筆為江漢路，上海商業儲蓄銀行位於兩筆之交的那一個點，地段景觀非常好，尤其是二十一世紀初，城區改建，將花樓街口拓寬成為步行街邊的一個小廣場之後，從花樓街走出的行人，迎面就可以看見小廣場對過的這一幢漂亮的石頭建築。

建成時間一九二〇年，三義洋行設計，上海三合興營造廠施工。

鋼筋混凝土的現代寫字樓，十八世紀歐洲巴羅克風和十九世紀新古典風的混合。

白麻石雕花牆面，八步臺階，由街邊進入大樓一層，漢白玉臺階，這在武漢近現代建築中並不多見。

門廊內主入口，左中右三個拱券大門，門框有內外兩層，凸凹花型裝飾，鐵花玻璃門扇。

二層和三層正面外牆，六根羅馬立柱支撐，圍欄山花裝飾。一層凸凹橫向花形裝飾牆面，拱券門框之下，兩根羅馬立柱，卷草柱頭架麥穗花橫樑，精美複雜的雕飾格外引人注目。

一層營業大廳一片空明雪白，上下大理石貼面，分外華麗典雅。

上海商業儲蓄銀行，由著名銀行家陳光甫創立於一九一五年，總行行址位於上海寧波路九號，建行十年便與浙江興業銀行和浙江實業銀行並駕齊驅，成為江浙財團「南三行」之一。一九三八年前，存款額曾一度躍居全國私營銀行之首，在全國設立一百處分支行和營業點，曾經很受國民政府的器重。

陳光甫，江蘇鎮江人（一說是丹陽人），十二歲隨父親舉家搬遷到漢口，在漢口長大，一八九九年，考進江漢關郵局，一邊打工一邊自學，一九〇四年，受湖北省地方政府委派到美國參加聖路易士國際博覽會，不久後考入美國賓夕法尼亞大學財政商業學院。他後來的事業成功，與他第二故鄉湖北有很大的關係。

一九〇九年，陳光甫在美國獲商學學士學位回國，辛亥革命後任江蘇省銀行總經理。

一九一五年，創辦上海商業儲蓄銀行。

上海商業儲蓄銀行漢口分行行長周蒼柏，武漢人，湖北工商界發興之元老周氏家族的傳人，女高音歌唱家周小燕的父親。

一九一七年，從紐約大學銀行專業學成歸國的周蒼柏在上海與陳光甫相識，受其邀請，先擔任上海銀行總行會計，一九一九年起擔任上海銀行漢口分行副行長。

一九一九年，周蒼柏攜妻子、兒女從上海返回武漢，親自選址、主持動工，建造上海銀行漢口分行大樓。一年以後，在今天漢口江漢路步行街街邊，面對花樓街口，一幢新樓拔地而起，至今八十餘年。

陳光甫和周蒼柏除了曾經上下級的關係而外，還是非常要好的朋友，一九三八年，周小燕去歐洲學習聲樂，陳光甫幫忙料理出國事宜。

一九三八年九月，受蔣介石委派，陳光甫與胡適（新任駐美大使）一同去美國（當時三人都在武漢），力促美國政府向戰時的中國政府貸款——史稱「桐油貸款」。

一九三八年十月，武漢淪陷當晚，美國財政部長摩根在華盛頓宣佈美國政府已決定向危難時刻的中國提供二千五百萬美元貸款。這是中國抗戰史上著名的桐油外交。

一九三八年，周蒼柏先去恩施，受湖北省政府主席陳誠的邀請出任湖北省銀行總行總經理，後去重慶定居，在重慶和陝西辦工廠。

一九四九年九月，周蒼柏受邀請參加在北京召開的第一屆全國政協會議，同年十月，參加北京天安門廣場舉行的開國大典一九四九年，陳光甫去曼谷參加聯合國遠東經濟會議，後去香港，向香港當局另行註冊，將上海商業儲蓄銀行香港分行改名為上海商業銀行。

一九四九年後，剩在大陸的上海商業儲蓄銀行總行及分行機構進行「公私合營」，名實全部不存。

一九四九年後，周蒼柏在湖北省及北京擔任部門領導職務，一九七〇年病逝於北京。

陳光甫晚年遷居臺灣，一九七六年在臺北逝世。二十世紀末，陳光甫銅像在臺灣太魯閣景區建立，為了紀念抗戰時他為中國所作的貢獻。

上世紀末，漢口江漢路邊這幢巴羅克風的白色銀行大樓成為中國工商行武漢市漢口支行辦公地。

漢口水塔

漢口水塔：漢口前進五路與中山大道交界的轉角處，水塔正面臨中山大道，隔街是今天漢口最熱鬧的去處——吃喝玩樂一站式消費「happy站臺」。

一九〇九年八月竣工，英國工程師莫爾設計並監督施工，廣榮興營造廠承建，為當時商辦漢鎮既濟水電股份有限公司的配水系統，至二十世紀七〇年代之前一直為漢口最高建築物。

主體為正八邊形（邊長八點二米），占地面積五百五十五點五六平方米，建築面積三千八百八十八點九二平方米，高四十一點三二米，周長七十八點六七米。塔主體為六層，其西南突出的樓梯間七層，頂部裝有銅鐘，作為市區瞭望報警之用。樓梯間內，由一百九十八步木製樓梯繞三根鐵管盤旋而上，扶欄雕刻精美，可以登塔頂上到鐘樓裏邊去。

塔基和樓外壁用三千多塊花崗岩石砌成。牆壁的內層為花崗岩，二層以上外部全部為紅磚清水牆。西南方向為樓梯間，在視窗砌築的設計上產生變化，第七層的七個窗戶中的第三個設計為圓形窗洞，因為這個位置斜對中山大道從六渡橋過來的方向，同時正是街上行人仰首注目的一個正中視點。

水塔的一至五層是辦公室及工作間，六層承放水櫃。圓柱狀水櫃是雙層十二毫米鋼板鉚接而成，直徑十八米，高七米，可容水一千四百七十七噸。

建塔初期，塔頂瞭望台，鐘樓上原有重一千多斤的鑄銅警鐘，敲鐘報警，聲聞遠近，樓下消防車（市民稱為「救火龍」）便可出動至火災現場。後來（一九四九年後），這個銅鐘失蹤了。

當年，既濟水火公司為漢口市民義務救火，這是武漢市城市史上第一支民間消防隊。一九四九年後至本世紀初，水塔底下一直有消防隊駐守，消防車車庫大門打開時，占住前進五路半條街。

一八九〇年（清光緒三十二年），浙江富商宋煒臣（燮昌火柴公司老闆），在上海和漢口集資三百萬銀元，湖廣總督張之洞撥官款三十萬元，在漢口創辦漢鎮既濟水電股份有限公司——也稱既濟水火公司。

公司地址設在漢口太平路一碼頭（今江漢路之一段），電廠選址在河街大王廟（今利濟南路），水廠設在宗關（今漢口宗關武漢市自來水公司）。一九〇九年八月，後城馬

漢口水塔

路水塔與宗關水廠同時竣工，從此漢口城區開始自來水供應。

一九四九年以後，水塔配水設施轉換成轉壓泵站，二十世紀七〇年代後期，漢口地區供水業現代化發展，已不需要當年水塔的供水體系。

今天，水塔在漢口，是武漢城市現代化發展過程中一個歷史性的見證體，它的價值無可估量。

經年累月從這兒經過，太熟悉這一幢紅磚頭高房子，紅彤彤的，立在鬧市中心，粗獷而崔巍，如義大利中世紀塔樓。

水塔向我們俯視，在它的腳根下，中山大道非常熱鬧，真想不到它剛剛樹起來時這一帶還是一片荒涼（從一張老照片上看到的）。

一座水塔催生了一片城區，商埠林立，人潮擁擠，車輛堵塞，整個世界喧囂沸騰，唯有水塔孤獨沉默。

漢口金城銀行

漢口中山大道經江漢路口往下走，在與南京路的交界處，被一大塊街心島嶼迎面阻擋住，街道如河道往兩邊分流，左邊分出短而小的保華街，右邊中山大道繼續長驅前行。街心島嶼上，坐東朝西，呈橫向屹立著一幢灰白色的建築物，氣勢莊嚴，姿態宏偉，如一面隔斷城區的巨大石頭屏障——這就是金城銀行大樓，今天是武漢美術館。

漢口金城銀行大樓，中山大道一千兩百零九號，位於中山大道與南京路交界的地段，鋼筋混凝土結構，房屋九棟，前面平房十二間，連同銀行住宅金城裏，共計建築費二十八萬餘元。

建築面積二千一百九十八點六八平方米，台基很高，二十一級。

建築結構大部為鋼筋水泥，小部為磚混。門面及牆面鋪設假麻石，洋松、柳木、按木等為整幢大樓的木材構件。

典型的新古典建築風格，古希臘式，正立面柱廊高三層，底層牆面開半圓拱窗，樓房頂部簷口厚重巨大山花，金漆書寫「金城銀行」四個大字。

樓體正面並列八根羅馬大柱，卷草柱頭，左右各開三個拱券大窗，拱券大門高達二層（其實是上部拱窗和下部方框門窗，視覺上形成一個整體），兩扇巨大厚重的木門，臺階之上是二層主大廳。

房屋建成後，由金城銀行自己作為營業行址。

金城銀行，中國著名「北四行」（北方四大私營銀行）之一（另外是大陸銀行、鹽業銀行、中南銀行），由人稱「銀行奇才」的著名銀行家周作民創辦於一九一七年五月，取「金城湯地、永久堅固」之意。

總經理部設在北京，總行設在天津。北京、青島、上海、漢口都設有分行。

一九三六年，金城銀行總行遷到上海，周作民任總董兼總經理，當年銀行存款總額達一萬八千萬元，為全國私營銀行之冠。

一九二七年，上海金城銀行（分行）大樓建成，由中國第一代建築家、留美建築師莊俊設計（位於上海江西中路兩百號）。

一九二八年，漢口金城銀行（分行）籌建行址，購得新昌裏（舊址）六百七十平方米，依然請莊俊擔綱設計，景明洋行繪圖，漢協盛營造廠施工，一九三〇年動工，一九三一年落成。

一九五二年，金城銀行先是「聯營」後是「合營」最終關閉，漢口金城銀行大樓轉給（出租給）武漢圖書館，一九五七年設武漢少年兒童圖書館，二〇〇三年遷出。

金城銀行行長周作民，出生江蘇，留學日本，自修財經專業，曾在北京臨時政府財政部工作，後被熊希齡（國務總理兼財政部長）提拔為庫藏司司長，北京西城區有周作民公館（西絨線胡同五十一號，最早是清王府，後為周作民私宅，一九五二年四川飯店，今北京中國會）。

一九一七年，周作民在天津創立金城銀行總行（天津法租界七號路四十三號，今解放北路九十七至九十九號），樣式極為簡樸的二層西式樓，不似上海和漢口金城銀行那般華麗。

周作民擔任金城銀行總經理三十二年，兼任永利制城公司董事長和民生實業公司常務董事，金錢權力集於一身，精明過人，事業恢宏，被認為是中國金融史傳奇式人物。

一九五一年六月，應周恩來和南漢宸邀請，從香港返回北京，列席中國人民政治協商會議第一屆全國委員會第三次會議。

一九五一年九月，金城、鹽業、中南、大陸、聯合五大銀行實行公私合營，周作民出任董事長。

網上有文章記述：當年（一九五一年後）周作民積極回應「政府號召」，接受「社會主義改造」，支持公私合營，除外，還將自己私產，二十五萬美元證券和金城銀行股票（約值人民幣一百萬元），連同私人收藏——圖書五千三百冊，名人字畫、碑帖、工藝品等珍貴文物一千零四十五件，全部捐獻給國家，其「愛國熱忱和愛國行動」，得到國家文化部褒獎。

一九五五年三月，周作民病逝上海，終年七十一歲。

二〇〇九年，漢口金城銀行大樓進行全方位改建，拆除銀行大樓背後的金城里及保華街臨街商埠，拆除銀行大樓內部上下建築結構，只留下外殼。如此巨大的改建舉措，遭到武漢市民及專家的質疑。

二〇〇八年，由金城銀行大樓軀殼改建的武漢新美術館峻工，走進去，天棚壓人，完全失去小時候進到大樓裏邊那種高曠宏大的感覺。但是，對於這幢美麗的老建築來說，這也許就是它的歸宿。

上世紀五六十年代，就是漢口金城銀行變成武漢市少年兒童圖書館那一段漫長的時間內，我和同學常常來這裏借書和讀書。學校開證明辦一張借閱卡，每週來一次，一次借一本書。

那時候我讀小學，學校在武漢劇院旁邊的安靜街，從學校出來，左轉不遠，過京漢鐵路，現在的京漢大道，那時漢口人叫「翻鐵路」，其實哪用「翻」，走過去就行。然後，筆直一條路，黃石路，經過榮光堂到中山大道，右轉是保華街，街邊有漢口火車站保華街售票處，現在已經拆掉了，旁邊一條小巷子進去，幾排紅磚頭老房子，就是金城里。

很可笑的是，半世紀之中，我們那一代武漢人，從來就不知道金城里和金城里挨著的這一幢大房子——武漢少年兒童圖書館——之間有什麼聯繫？

走進金城里，就走到了少兒圖書館的後門，來這裏借書經常是走後門，中山大道路口的那一個大門常常關閉，記得曾經走過一兩次，粗壯的石柱托起廊頂在頭頂上又高又空，進到門內還得向上爬上一段石階，才能走進空曠無人的大廳裏邊去。

金城里這邊的後門，水泥樓梯建在屋子的外邊，之字形的階梯上去，一扇窄門進到室內，這裏是圖書館的外借處。

房間光線很暗，房間裏擺著好幾排書架，可以走進去，由自己在書架子上挑選今天要借的書。現在回想起來，覺得當時那種借閱方法，自由度還是蠻高的，模仿西方圖書館傳統的圖書借閱的形式。

從外借處往裏走，另一間是閱覽室，房間非常大，窗戶也很大，木地板，擺著好多張長方形的桌子，桌子四周擺著椅子，食堂那樣子。每來一次借書，都會順帶到閱覽室，一坐兩個小時，在這裏可以讀到很多報紙和雜誌，還有一些圖畫書。兒童期刊有《中國少年先鋒報》和《兒童時代》、《少年文藝》，還有幼兒畫報《小朋友》，那是我最早接觸的一本刊物，從幼稚園開始。當年，很少有家庭訂購報刊，專門為孩子訂報訂購書報的就更少了，所以那時的小孩子必須定期或不定期地到這裏來，只有在這裏才能高高興興地看個夠。

少兒圖書館的管理員大多數都是小孩子，小學生或中學生，自願來這裏義務服務的。曾經，我和同班同學來這裏做過八小時的閱覽室管理員，自願報名，經誰批准不記得了，因為是同學幫忙辦的這事。記得那一天，我們接待了很多小讀者，工作任務是，站在一張擺著一堆書報雜誌的桌子後面，等人家看過一本來我們這裏換另一本再拿去坐在桌子旁邊看。小讀者都很守規矩，走路儘量很輕，說話儘量小聲，翻書也很小心，生怕紙頁弄破了。

那一天很累很興奮，現在想來，這也許算是我的一次社會公益活動吧。

那一年我讀小學五年級。很多年過去了，後來再去市少兒圖書館借書的是我的女兒，走我們小時候走過的路，從京漢鐵路往中山大道走，到保華街，穿金城里，依然是走後門，依然是很多年前我借過書的那一間老房間，依然是很多年前我翻過書的那幾排老書架——光線黯淡的室內，發黃的石灰牆面和發白的木地板，書頁的氣味和老房子陳年的霉味混雜在一起——上幾代人的歷史就這麼翻過去。

這就是我對這幢大樓的五十年的記憶，但是，在我沒出生之前這幢大樓的過去，從來沒人告訴我，我說過：「那一個環鏈斷掉了……」

直到幾年前，我才知道它曾經是金城銀行，當時覺得自己真的是很無知，從小到老，以為讀過很多書，但是從來沒有想要讀一讀我們城市的歷史。很多，我們原以為很熟悉，其實我們很陌生，例如少兒圖書館。

二〇〇五年初，一個晴朗的冬日，我來到中山大道街心島，拍下了這一張照片，藍天麗日之下，它的美麗無法言說。

也許因為這樣的一些感情吧，喜歡這一幢老房子，也喜歡和它相關的一些老房子。近幾年，我去北京，去天津，去上海，都會找到那裏的金城銀行，看著那些老房子，靜靜地立在藍天下，那樣的感覺很親切。

釀文學52　PE0016

繁華滄桑大武漢・人文風情篇

作　　者　胡榴明
主　　編　蔡登山
責任編輯　林千惠
圖文排版　邱瀞誼
封面設計　王嵩賀
攝　　影　胡西雷

出版策劃　釀出版
製作發行　秀威資訊科技股份有限公司
114 台北市內湖區瑞光路76巷65號1樓
電話：+886-2-2796-3638　傳真：+886-2-2796-1377
服務信箱：service@showwe.com.tw
http://www.showwe.com.tw
郵政劃撥　19563868　戶名：秀威資訊科技股份有限公司
展售門市　國家書店【松江門市】
104 台北市中山區松江路209號1樓
電話：+886-2-2518-0207　傳真：+886-2-2518-0778
網路訂購　秀威網路書店：http://www.bodbooks.com.tw
國家網路書店：http://www.govbooks.com.tw
法律顧問　毛國樑　律師
總 經 銷　聯合發行股份有限公司
231新北市新店區寶橋路235巷6弄6號4F
電話：+886-2-2917-8022　傳真：+886-2-2915-6275

出版日期　2012年2月　BOD一版
定　　價　300元

Printed in Taiwan

國家圖書館出版品預行編目

繁華滄桑大武漢. 人文風情篇 / 胡榴明著. -- 一版. --
臺北市：釀出版, 2012.02
面； 公分. --（生活風格類；PE0016）
BOD版
ISBN 978-986-6095-63-4（平裝）

1. 人文地理 2. 文集 3. 湖北省武漢市

672.59/123.4 100022145

讀者回函卡

感謝您購買本書，為提升服務品質，請填妥以下資料，將讀者回函卡直接寄回或傳真本公司，收到您的寶貴意見後，我們會收藏記錄及檢討，謝謝！

如您需要了解本公司最新出版書目、購書優惠或企劃活動，歡迎您上網查詢或下載相關資料：http:// www.showwe.com.tw

您購買的書名：________________________________

出生日期：________年________月________日

學歷：□高中（含）以下　□大專　□研究所（含）以上

職業：□製造業　□金融業　□資訊業　□軍警　□傳播業　□自由業

□服務業　□公務員　□教職　□學生　□家管　□其它______

購書地點：□網路書店　□實體書店　□書展　□郵購　□贈閱　□其他

您從何得知本書的消息？

□網路書店　□實體書店　□網路搜尋　□電子報　□書訊　□雜誌

□傳播媒體　□親友推薦　□網站推薦　□部落格　□其他__________

您對本書的評價：（請填代號　1.非常滿意　2.滿意　3.尚可　4.再改進）

封面設計____　版面編排____　內容____　文／譯筆____　價格____

讀完書後您覺得：

□很有收穫　□有收穫　□收穫不多　□沒收穫

對我們的建議：________________________________

____

____

____

請貼
郵票

11466
台北市內湖區瑞光路 76 巷 65 號 1 樓
秀威資訊科技股份有限公司 收
BOD 數位出版事業部

....

（請沿線對折寄回，謝謝！）

姓　名：______________ 年齡：________ 性別：□女　□男

郵遞區號：□□□□□

地　址：________________________________

聯絡電話：(日) ______________ (夜) ______________

E-mail：________________________________